Volker Hepp

Die 5 Stress-Persönlichkeiten

Typologie zur Selbstdiagnose, Selbsthilfe und
besserem persönlichen Stressmanagement

Bibliografische Information der Deutschen Nationalbibliothek:
Die Deutsche Nationalbibliothek verzeichnet diese Publikation in der Deutschen Nationalbibliografie; detaillierte bibliografische Daten sind im Internet über dnb.d-nb.de abrufbar.

Umschlaggestaltung: Julia Evseeva Susanne
Illustrationen: Bauermann Christine
Lektorat: Hochberger Julia
Layout: Evseeva
Titelfoto: © chris-m (fotolia.com)

Herstellung und Verlag: BoD – Books on Demand, Norderstedt

ISBN: 978-3-7494-6592-7

Inhaltsverzeichnis

Vorwort

Ratgeber gegen Stress und Burnout gibt es viele. Es sind Hype-Themen mit sehr ernstem Hintergrund. Aber nicht nur in den Köpfen der Schreiber, sondern leider auch in der realen Welt. Die starke Häufung der stressbedingten Erkrankungen ist besorgniserregend und betrifft mit ihren Auswirkungen sowohl Privatpersonen, Unternehmen und Verwaltungen.

Wer stressbedingt erkrankt, fällt meistens lange aus und fühlt sich nachhaltig isoliert im Kreise der vermeintlich leistungsbereiten und fitten Mitmenschen. Viele Ansätze der Stressbewältigung basieren auf Achtsamkeitsübungen und Verhaltensänderungen.

Nur – was passiert, wenn sich die Verhaltensänderungen nicht langfristig durchhalten lassen oder wenn man für die Achtsamkeit buchstäblich zu gestresst ist? Oder gerade in achtsamen Momenten persönliche Themen auftauchen, die nicht gut tun oder die gar ängstigen?

Hier scheint Achtsamkeit und Verhaltensänderung zu kurz zu greifen, da manchmal gerade in der Stille und Entspannung Themen aus der eigenen Historie auftauchen, die im normalen Erleben so nicht bemerkt werden. Diese Situationen bieten dann einen möglichen Ansatz, sich die Aspekte der eigenen Stress-Persönlichkeit (also der Identitätsebene) näher anzuschauen und gleichzeitig zu versuchen, auf mehreren

Ebenen aus der permanenten Anspannung zurück in die notwendige Entspannung zukommen. Auf jede Anspannung folgt eine Entspannung!

Da eine Stress-Persönlichkeit sehr komplex sein kann, ist es sinnvoll, diese Komplexität durch eine Typisierung abzumildern. Dadurch sind die 5 Stress-Persönlichkeiten entstanden. Sie dienen als tiefer gehender Erklärungsansatz der Hilfestellung. Ohne Erklärung gibt es keine Erkenntnis, ohne Erkenntnis und Verständnis keine Veränderung.

Die 5 Stress-Persönlichkeiten sind kein neu erfundenes Rad; aber eine gut zusammengestellte Erklärung aus verschiedenen Disziplinen, die in dieser Form neu ist. Ich arbeite bereits etliche Jahre damit und weiß, dass sie ein sehr hohes und einleuchtendes Erkenntnis- und Entspannungspotenzial besitzen. Ich liebe sowohl Erkenntnisse als auch Entspannung.

Die 5 Stress-Persönlichkeiten basieren auf dem NARM™-Modell (Neuro Affektives Relationales Modell™) von Dr. Laurence Heller, der die Typologie, die Bewältigungsstrategien in detaillierterer, breiter und therapeutisch nutzbarer Weise erarbeitet und der Fachwelt zur Verfügung gestellt hat. Und daraus einen integrierten Ansatz mit therapeutischer Ausrichtung auf das Nervensystem und der Beziehungsebene entwickelt hat. Er setzt sich mit seinem Ansatz und seiner Art der therapeutischen Arbeit an die Nahtstelle zwischen psychologischen Problemstellungen und dem Körper.

Mein Bestreben ist es, das NARM™-Modell auf den Faktor Stress zu isolieren und für genau dieses Thema nutzbar zu machen. Sodass für Sie der Mehrwert entsteht, damit sofort loslegen zu können – mit dem ersten Ziel Entspannung.

Aller Anfang ist die Geburt und das Ankommen auf dieser Welt. Vor, während und nach der Geburt machen wir unsere Erfahrungen mit Vertrauen, Bindung, dem Gefühl des gehalten werden und der Regulation von inneren Zuständen, sprich, die Regulation unserer Gefühle und Emotionen. Dazu benötigen wir unsere Umwelt.

In der Regel ist die Mutter unsere erste Bezugsperson in unserem Leben. Sie hilft uns, uns sicher zu fühlen, uns zu beruhigen und zu bemerken, dass wir immer das bekommen, was wir aktuell benötigen. Wir erschrecken vor etwas und werden durch sie beruhigt, wir sind hungrig und werden von ihr gefüttert, wir sind traurig und werden von ihr getröstet, wir haben die Windeln voll und werden von ihr frisch gewickelt.

Was passiert, wenn diese Erkenntnis nicht vermittelt wird? Dann entwickeln Kinder Anpassungsleistungen, damit sie mit ihrer Umwelt besser zurechtkommen und die Umwelt mit ihnen. Ich nenne es Bewältigungs- oder Adaptionsstil. Bewältigungs- oder Adaptionsstile stellen für uns Menschen Erfolge der Bewältigung von Problemen dar, die unsere Umwelt verursacht, und auf die wir als Babys oder Kleinkinder in irgendeiner Form reagieren mussten.

Da unser Gehirn gerne auf Vergangenes zurückgreift, um die Zukunft zu prognostizieren, bleiben diese Bewältigungs- und Adaptionsstile fest in unserem Nervensystem und unserem Neokortex gespeichert. Manchmal entwickeln sich daraus auch Anteile unserer Identität.

Vielleicht fragen Sie sich nun, was das mit Stress-Persönlichkeit zu tun hat?

Mehr als Sie denken. Jede der vorgestellten 5 Stress-Persönlichkeiten reagiert auf der ihr innewohnenden Art und Weise auf internalen oder externalen Stress, basierend auf ihrer erlernten Fähigkeit (Bewältigungs- oder Adaptionsstil), sich selbst zu regulieren und mit erhöhten Belastungen im Innen und Außen umzugehen.

Die vorgestellten 5 Stress-Persönlichkeiten erheben keinen Anspruch auf Vollständigkeit, sondern dienen als Anhaltspunkte für die eigene Selbsterkenntnis und Selbsthilfe beim Thema Stressmanagement. Sie kommen in den meisten Fällen nicht als Reinkultur, sondern als Mischform vor. Das macht es oft nicht einfacher.

Selbsterkenntnis ist das zentrale Anliegen dieses Buches, um auf dieser Basis Schritt für Schritt weiterzugehen. Schritte alleine – aber in den meisten Fällen Schritte unter fachkundiger Anleitung und Begleitung eines Coaches oder Therapeuten. Nicht weil ich Ihnen so viel Veränderung alleine nicht zutraue, sondern deshalb, weil es unter fachkundiger Anleitung in der Regel leichter und schneller gehen kann. Manchmal braucht man diesen Spiegel des Gegenübers ohne die eigenen, allzu menschlichen Beschränkungen.

Eigenhilfe ist bis zu einem gewissen Grad etwas Fantastisches. Aber, wenn Sie merken oder durch Ihre Umwelt darauf aufmerksam gemacht werden, dass Sie über einen gewissen Punkt selbst nicht hinauskommen, sollten Sie fachkundige Hilfe in Anspruch nehmen.

Ihr Auto reparieren Sie in den seltensten Fällen selbst, genauso wenig wie Ihre Waschmaschine. Dasselbe gilt für unsere gestresste Seele.

Viel Spaß beim Lesen und freue mich über Ihre Anregungen und Fragen.

Ihr Volker Hepp

Typisierung erleichtert Ihr Leben!

Dieses Buch ist so aufgebaut, dass ich basierend auf dem NARM™-Ansatz von Dr. Heller die 5 Stress-Persönlichkeiten kategorisiere. Diese Typisierungen üben auf viele Menschen einen unwiderstehlichen Charme aus. Lassen sie doch relativ schnell erkennen, wo man selbst verortet ist. Durch diese schnelle Verortung besteht dann die Möglichkeit, sich ebenso schnell und zielgenau Hilfe zu suchen, sich zu verändern und von der eigenen Not zu erlösen. Gleichfalls, sozusagen als Abfallprodukt, hilft diese Typisierung auch dabei, seine Umwelt besser und schneller einordnen zu können. Das kann eine effektive Art des Stressabbaus sein, da das „Einordnen können" zusätzlich Sicherheit bedeutet. Zur eigenen Entspannung ist Sicherheit sehr wichtig. An einem als unsicher empfundenen Ort werden Sie sich nicht entspannen können.

Auf der anderen Seite wehren wir uns gegen Typisierung, weil wir nicht gerne in Schubladen gesteckt, sondern in unserer ganzen und komplexen Persönlichkeit gesehen werden möchten. Jede Typisierung des komplexen Menschen vereinfacht und muss.

Keine Sorge, es geht nicht darum, Sie in eine Schublade zu stecken. Aber gerade bei Stress ersticken wir manchmal sprichwörtlich an der Komplexität der Vorgänge und Stressoren. Dadurch verlieren wir leicht den Boden unter den Füßen. Da tut es – so meine Erfahrung – geradezu gut, diese Komplexität bewusst zu verringern, Muster, die Stress auslösen zusammenzufassen, um darauf aufbauend

- einzuordnen
- bewusst zu machen
- zu erklären
- Schritte zur Entspannung möglich zu machen

Denn nur das, was mir klar und bewusst ist, kann ich auch verändern und bearbeiten. In diesem Sinne bin ich mir bewusst, dass die 5 Stress-Persönlichkeiten eine ziemliche Vereinfachung sind. Und vorneweg - es gibt keine der 5 Stress-Persönlichkeiten in Reinkultur. Auf der anderen Seite hilft dieser Ansatz, sich zu ordnen. Diese Ordnung ermöglicht einen Weg, aus Anspannung und Überlastung in einen entspannten und entstressten Zustand zu gelangen.

Die 5 Stress-Persönlichkeiten können helfen, die eigenen Stressoren schneller zu erkennen, um daraus abzuleiten, wo die Basis dafür gelegt worden ist. Dadurch wird die Vergangenheit effektiv von der Gegenwart, um die es geht, getrennt, um nach und nach in einen entspannten Zustand zu kommen.

So baut sich Stress auf

Anspannung und die darauffolgende Entspannung sind zentrale Grundprinzipien unseres Lebens. Eine Zelle verengt sich, eine Zelle entfaltet sich – sie spannt und entspannt sich. Wir atmen ein und atmen aus, das ist ein ganz normaler, natürlicher Rhythmus.

Unser sympathisches Nervensystem regt unseren Körper an, sobald Aktion in Form von Kampf oder Flucht angesagt ist, unser Parasympathikus sorgt für Entspannung, wenn diese Situation vorüber und noch überschüssige Energie in unserem Körper vorhanden ist. So war das vor Urzeiten und so wird es auch bleiben. Mit der sympathischen Aktivierung begegnen wir Stressoren von außen oder innen – kämpfen oder flüchten, verbrauchen dadurch die bereitgestellte Energie und fahren die Aktivierung bzw. die im Organismus nicht vollkommen abgebaute Energie durch den Parasympathikus wieder zurück, wenn die Stressoren nicht mehr da sind.

Das bedeutet: Unser Körper ist beim Umgang mit unseren internen und externen Stressoren unmittelbar beteiligt, und zwar auf mehreren Ebenen:

- Geist/Verstand/Kognition
- Seele/Emotionen/Psyche
- Körper/Instinkt und Reaktionen/Physiologie

Wir Menschen neigen heute dazu, viele Dinge mit dem Kopf erledigen zu wollen. Wir versuchen uns auch immer mehr, mit dem Kopf selbst zu regulieren und zu beruhigen, wenn wir aufgeregt sind. Das gibt uns in den meisten Fällen Sicherheit, auch deshalb, weil wir in einer Welt aufgewachsen sind, die das Kognitive gerne überbetont und an eine erste Stelle setzt. Die Folge sind Gedankenkreisen und Probleme, richtig abschalten zu können, Schlafstörungen usw. Dabei entwickelt sich unser Gehirn erst einige Monate nach unseren anderen Körpersensoren und steht uns mit seiner Leistung des Verknüpfens von Zeit, Eindruck und Emotion erst zwischen dem 18. und 20. Lebensmonat zur Verfügung. Alles, was vorher geschieht, steckt in den älteren Systemen von Stammhirn und limbischem System. Hier beginnt das, was wir als Stress wahrnehmen, – all die kleinen Überlastungen, zu denen unser Hirn „passt schon" sagt und die Nichtwahrnehmung von Bedürfnissen wie Ruhepausen, Essen & Trinken. Unser Körper, seine Empfindungen aber auch unsere Wahrnehmung für ihn gerät in den Hintergrund. Das rächt sich spätestens dann, wenn er uns buchstäblich von den Füßen holt.

Dabei sind limbisches System und Stammhirn von ihrer Reiz-Reaktionsleistung her rund viermal schneller als unser Gehirn und merken dadurch wesentlich früher, dass etwas nicht stimmt. Die große Herausforderung ist das Verständigungsproblem zwischen unserem Körper-Gehirn und unserer Neokortex, weil die Nervenbahnen von unten nach oben wesentlich dicker, stabiler und schneller sind als umgekehrt, etwa 90 Prozent der Nervenbahnen gehen vom Körper in Richtung Gehirn und nur 10 Prozent vom Gehirn in Richtung Körper. Wir versuchen permanent, mit diesen

10 Prozent die anderen 90 Prozent zu übertrumpfen. Ganz schön sinnlos, nicht wahr? Und gleichzeitig ist unser Gehirn die oberste Instanz, wenn es darum geht, Stress zu regulieren. Und es braucht dazu meistens wesentlich mehr Zeit, dem Körper etwas mitzuteilen. Das bedeutet, dass die beiden Geschwindigkeiten miteinander wieder in einen Art Einklang gebracht werden sollten, damit das grundlegende Verständnis wieder hergestellt wird.

Dabei hat Stress in erster Linie Auswirkungen auf unseren Körper. Magenschmerzen, Herzrasen, Verspannungen in der Nacken-/Schulterpartie bis hin zu Kopfschmerzen, Schwindel- anfällen und Migräne – alles reinrassige Stress-Symptome, meist schon im fortgeschrittenem Stadium sind die Folge. Dabei gibt es immer Wechselwirkungen zwischen Denken, Fühlen und dem Wahrnehmen unserer Körpersensationen, wenn die Wahrnehmung noch vorhanden ist. Ich vergleiche diesen Vorgang mit einem Orchester. Wir sind gewohnt, dass unser Gehirn/unser Denken die erste Priorität einnimmt, in meinem Vergleich also die Abteilung für Pauken und Trompeten ist. Dagegen sind die Rückmeldungen unseres Körpers oft zu leise, weil inzwischen ungewohnt, vergleichbar mit den Harfen in einem Orchester. Da wir so an die Pauken und Trompeten gewöhnt sind, nehmen wir die Harfen nicht mehr richtig wahr.

Das ist der Dreh- und Angelpunkt dieses Stress-Management-Ansatzes: Es geht darum, seine eigene Stress-Persönlichkeit zu identifizieren, seine Anpassungsreaktionen zu entdecken und gleichzeitig den leiseren Anteilen mehr Gehör zu schenken, um aus der Anspannung der Lautstärke wieder mehr in die Entspannung der Ruhe zu kommen.

16

Was macht unser Körper bei Stress?

Ein interner oder externer Reiz stört meinen Zustand, bringt mich ins Ungleichgewicht und holt mich aus meiner persönlichen Komfortzone heraus. Dieser Reiz hat meistens etwas mit einem „Zuviel" zu tun. In diesem Moment reichen meine Ressourcen nicht mehr aus, um die Situation adäquat zu meistern. Wir erfahren eine „Überflutung" durch den Stressor. Oft geht diese mit einem Gefühl der Enge, Starre, Hilflosigkeit und Ausweglosigkeit einher. Und sehr oft werden wir dabei mit unseren Ängsten konfrontiert, die wir bisher durch unsere Stress-Persönlichkeit, wenn auch mit Anstrengung, doch gut im Zaum gehalten haben.

Diese körperliche Anspannung hat unmittelbaren Einfluss auf unser Gehirn. Einer körperlichen Anspannung folgt meistens unmittelbar eine geistige Anspannung, die Reiz-übermittlung und -weiterleitung wird gestört. Instinktiv versuchen wir, einen Ausgleich herzustellen und zeigen eine physiologische Stressreaktion. Unser Gehirn, hier vor allem unser Alarmsystem Amygdala, triggert die Nebenniere, schüttet Cortisol, Adrenalin usw. aus. Gleichzeitig wird Energie in unsere großen Muskeln gepumpt, in unser Herz-Kreislauf-System. Das unterscheidet uns absolut nicht von unseren Vorfahren und den Tieren. Unser Atem wird schneller und flacher. Unwichtige Körper-funktionen wie Sexualtrieb und Verdauung werden reduziert oder abgeschaltet. Der Sympathikus hilft uns in Aktion und in Bewegung zu kommen: „Fight, Flight or Freeze" ist hier die Devise. Unser Körper und seine Reaktionen sind wesentlich mehr Neandertaler, als uns das in Smartphone- und Facebook-Zeiten recht ist.

Wenn der Stress vorbei ist und unser Körper die Energie nicht vollständig abgebaut hat, schüttet der Parasympathikus Dopamin und Serotonin aus. Diese Stoffe bringen uns aus der Anspannung in die Entspannung. Anspannung und unmittelbare Entspannung sind wesentlicher Teil der Selbstregulation.

Wenn unser Körper gar nicht mehr runterkommt

Wenn der Stresslevel dauerhaft erhöht ist, das heißt, wenn es kaum noch Wege aus der Anspannung in die Entspannung gibt, dann ist unsere Amygdala in einem Daueralarmzustand. Dabei ist es vollkommen egal, ob die Stressoren als reale oder nur vermutete körperliche oder seelische Bedrohung wahrgenommen werden. Die Auswirkungen sind dieselben. Dies gilt auch für psycho-soziale Bedrohungen (Jobverlust, Mobbing, Krise in der Partnerschaft) bzw. wenn die Grundbedürfnisse nicht erfüllt werden. Die Amygdala feuert dann über den Hirnstamm und das Rückenmark unser autonomes Nervensystem an. Spätestens zu diesem Zeitpunkt haben wir keine bewusste Kontrolle mehr darüber.

Der chronische Stress beeinflusst die Signalwege unseres Gehirns, unser Noradrenalinspiegel sinkt, genauso wie unsere Aufmerksamkeit, Wachsamkeit und Konzentration darunter leiden. Durch den dadurch ausgelösten Mangel an Seratonin wird unser Schlaf-Wach-Rhythmus gestört, unser Dopaminaushalt als Belohnungsschaltkreis leidet und unsere Stimmung geht in den Keller. Aus diesem Grund steckt hinter einer stressbedingten Erkrankung oft auch eine Form von Depression, vor allem bei Frauen. Männer reagieren auf Depressionen eher mit Zynismus, Abwertung und Aggression. Ich übersetze die Depression als „I depress my needs – depression". Diese Form der Übersetzung und Deutung macht gerade im Bereich Stressmanagement sehr viel Sinn, denn letztendlich geht es immer um die eigenen Bedürfnisse und wie ich es schaffe, diese zu erkennen, sie zu beachten und letztlich auch durchzusetzen, auch in engen Beziehungen.

Permanenter Stress bedeutet, dass der ganze Körper in einer Art dauerhaften Alarmbereitschaft ist. Fachsprachlich nennt sich dieser Zustand Hypervigilanz und ist vielleicht mit folgendem Bild zu vergleichen: Stellen Sie sich vor, Sie gehen nachts durch einen Wald und hören schräg hinter sich ein Geräusch, das Sie nicht zuordnen können. Stimmt, Sie sind erwachsen und haben breite Schultern. Aber das Geräusch können Sie dennoch weder zuordnen noch den Verursacher sehen. Instinktiv ziehen Sie vermutlich die Schultern hoch, sie spannen Ihre Muskeln an und schauen sich vorsichtig um. Wenn Sie den Verursacher nicht identifizieren können, bleiben Sie noch eine Weile in diesem Zustand. Sie haben Stress – anhaltenden Stress.

Anhaltender Stress bedeutet, dass wir uns ausgeliefert fühlen, wir driften in eine chronische Hilflosigkeit ab. Da das ein Zustand ist, den wir absolut vermeiden wollen, setzt genau dann ein Chor von Inneren Kritikern ein, die unsere Stimmung und unsere Selbstheilungskräfte nicht heben bzw. erhöhen.

Fehlt unter Umständen die soziale Unterstützung bzw. generell das soziale Umfeld, bedeutet das eine zusätzliche zwischenmenschliche Isolation und somit Beschleunigung der Eskalation, da wir Menschen auf unsere Mitmenschen angewiesen sind. Und zwar deshalb, weil wir Menschen auf unsere Mitmenschen angewiesen sind. Ich nenne das einen Rückgriff auf unser Social Engagement System. Ein Gegenüber zu haben, beruhigt uns nicht nur als Kleinkind, sondern auch als Erwachsene. Die Statistiken über Stresskrankheiten bei Singles und bei Menschen, die als Paar leben, sprechen Bände.

So entwickeln sich
die 5 Stress-Persönlichkeiten

Was ist Stress? Meiner Meinung nach ein „Zuviel", gegen das ich mich aktuell nicht schützen kann. Meine bisherigen Ressourcen versagen. Sofern dieses Zuviel nur punktuell auftritt und danach wieder aufhört, besteht die große Wahrscheinlichkeit, dass mir dieser Stress nicht viel anhaben kann. Das ist der Fall, wenn ich zum Beispiel vor einer punktuellen Herausforderung stehe, mein Sympathikus meinen Organismus in Schwung bringt und ich die zusätzliche Energie nutzen kann, um die Herausforderung zu meistern.

Problematisch wird es, wenn dieses Zuviel zu einem Dauerzustand wird, sozusagen zu einem stressigen Normalzustand. Dann befinde ich mich in einem permanent schutzlosen Zustand der Überflutung. Mein normaler und gesunder Rhythmus von Anspannung und Entspannung ist gestört, weil Stress automatisch Anspannung bewirkt und ich nicht mehr oder sehr schwer in die Entspannung komme. Eine ungute Spirale setzt sich in Gang.

Das Empfinden von Stress ist sehr individuell. Es gibt Menschen, denen ein bestimmter Stresspegel (Anspannungspegel) wenig ausmacht, wogegen andere Menschen an diesem Punkt schon längst zusammengebrochen wären. Das hängt von der seelischen und körperlichen Konstitution, dem generellen Umgang mit Stress und der eigenen Resilienz ab.

Unter Resilienz wird die psychische und physische Stärke verstanden, die es Menschen ermöglicht, Lebenskrisen, wie schwere Krankheiten, ohne langfristige Beeinträchtigungen zu meistern. Kurz: Gedeihen trotz widriger Umstände.

Das persönliche Stressempfinden hängt, so meine Hypothese, auch davon ab, wie und unter welchen Umständen wir unseren Weg auf die Welt gefunden haben, unseren Startbedingungen ins Leben also. Davon handeln die 5 Stress-Persönlichkeiten: Und in jeder Stress-Persönlichkeit steckt schon viel Stress drin, weil sie unsere kindliche Antwort auf die Belastungen unserer Umwelt in frühen Jahren, sprich, unsere Adaptions- und Bewältigungsstrategie auf unsere gegebene Umwelt in der Kindheit waren.

Deshalb geht es in diesem Buch immer wieder um eine kurze Rückbesinnung auf die eigene Lebensgeschichte. Wichtig ist dabei: Trotz dieser gelegentlichen Rückschau bleibt ein Bein in der Gegenwart, denn genau damit werden im Hier und Jetzt Lösungsalternativen entwickelt. Trotz Vergangenheit. Die Vergangenheit ist vorbei, genauso wie die Zukunft Zukunft ist. Was bleibt und zählt, sind Gegenwart und der Moment. Diese Gegenwart, den Moment, empfinden Sie als stressig. Darum halten Sie dieses Buch in Händen.

Wie schon erwähnt, wird mit den 5 Stress-Persönlichkeiten das Rad nicht neu erfunden. Sie sind eine Mischung aus Bindungstheorie, Entwicklungspsychologie, Neurologie und Körperpsychologie sowie verschiedenen Stressbewältigungs-techniken. Als Basis der Stress-Persönlichkeiten dienen die Überlebensstile von Dr. Laurence Heller in seinem NARM™-Ansatz, der die großartigen Anpassungsleistungen von Kindern an ihre gegebene Umwelt und die Folgen im erwachsenen Leben beschreibt.

Zur individuellen und persönlichen Vergangenheit jedes Menschen kommen in Europa auch die Auswirkungen der beiden Weltkriege hinzu, die traumatisierte Kriegsteilnehmer und Kriegskinder hinterlassen haben. Diese haben wiederum Kinder bekommen, die Menschen, die in den 50er und 60er Jahren geboren wurden. Diese mussten in ihrem Heranwachsen die Abwehrmechanismen der Kriegs-Eltern und Familienmitglieder aushalten und dafür eigene Bewältigungsstrategien finden, um mit dieser belastenden Bindung zurechtzukommen.

Viele der psychisch traumatisierten Eltern und Familienmitglieder suchten unbewusst ihr Heil in einer emotionalen Betäubung. Der erlebte Schrecken ist dadurch nicht mehr gespürt, so wie leider auch Dinge, die nicht betäubt werden müssten. Bei der Erfahrung von Emotionen und Empfindungen kann nicht zwischen schönen und schlechten gewählt werden, es gilt der Grundsatz: Entweder ich fühle die ganze Bandbreite oder gar keine Emotion. Wer sich selbst betäubt bzw. dissoziiert, kann nur sehr schwer in Resonanz mit anderen Menschen gehen. Diese emotionale Resonanz ist aber überlebensnotwendig für Babys und kleine Kinder.

Mit dieser Betäubung geht auch eine Abwehr der eigenen Authentizität und der Authentizität des Kindes einher, es geschieht eine Entfremdung von der eigenen Wahrnehmung. Daraus resultiert, dass die Kinder verstärkt den Kontakt zum eigenen Spürbewusstsein verlieren und sprichwörtlich verlernen, ihrer eigenen Wahrnehmung zu vertrauen. Das

Vertrauen in die eigene Wahrnehmung bedeutet in diesem Fall, den eigenen Eltern nicht mehr trauen zu dürfen. Und das ist in diesem kindlichen Alter „tödlich" (kindliche Logik) und wird unter allen Umständen vermieden.

Wie entwickeln sich nun die 5 Stress-Persönlichkeiten? Wenn ein Kind auf die Welt kommt, hat es in den jeweiligen Altersstufen seiner Entwicklung verschiedene Bedürfnisse, die erfüllt werden sollten, damit es ihm gut geht. Ich werde versuchen, Ihnen in einem kurzen Überblick aufzuzeigen, welche Bedürfnisse das Kind unter anderem in der jeweiligen Entwicklungsstufe hat und wie es reagiert, wenn diese Bedürfnisse nicht oder nur rudimentär erfüllt werden, welche Bewältigungsmechanismen es daraufhin entwickelt kann und wie sich das heute im Erwachsenenalter möglicherweise auswirkt. Im nächsten Kapitel gehe ich dann ausführlich(er) auf die jeweiligen Stress-Persönlichkeiten ein.

Wenn ein Kind geboren wird, ist es offen und neugierig auf die Welt, braucht eine unbedingte und adäquate Fürsorge und den (körperlichen und emotionalen) Halt seiner Mutter bzw. seiner Umgebung. Wenn Halt und Fürsorge, zum Beispiel durch Stress, emotionale oder tatsächliche Abwesenheit, Unsicherheit oder sonstige Gründe der Mutter, nicht gewährleistet ist, dann erlebt das Kind die Welt als feindlich und als nicht sicher. Es erlebt eine existenzielle Bedrohung, protestiert mit Wut und Angst, erkennt aber seine tatsächliche Hilflosigkeit und friert letztendlich ein bzw. kollabiert. Dieses Einfrieren geht auf der körperlichen Ebene mit einer Kontraktion in den Nerven und Organen einher, meistens wird dabei auch die Bauchdecke angespannt. Diese Anspannung kann eines der Lebensthemen des Menschen werden. Ein

Beispiel dazu: Lange Zeit wurde Müttern vermittelt, dass sie ihre Kinder schreien lassen sollen, die beruhigen sich schon wieder. Dieses Beruhigen – wenn die benötigte Stress-regulation durch die Mutter nicht erfolgt – entsprachen dann jedoch der Kapitulation und dem Kollaps.

Als Erwachsener begegnet dieser Mensch der Welt eher zurückhaltend und zieht sich zurück. Er fühlt sich in geis-tigen/gedanklichen/spirituellen Dingen sicherer als in der realen, stofflichen und körperlichen Welt. Er wird seinen Intellekt überbetonen und manchmal mit etwas Arroganz auf diejenigen herabschauen, die emotionaler als er unterwegs sind. Er ist eher ein Einzelgänger und braucht seine Ruhepausen und Rückzugsräume. Man könnte ihn auch – um das derzeit populäre Schlagwort zu benutzen – als „leisen Menschen" bezeichnen. Er hat unter einer eventuell nach außen gezeigten Coolness viel Anspannung in sich und kontrolliert gerne sich und seine Umwelt, weil ihm das die notwendige Sicherheit verschafft. Unter diesem gezeigten Verhalten liegt die Angst, nicht richtig willkommen zu sein und seinen Platz auf dieser Welt nie zu finden. Ganz tief drinnen fehlt ihm Selbstvertrauen, auf seine Weise hasst er sich für diese Gefühle des Mangels. Wir haben es mit der I. Stress-Persönlichkeit zu tun.

Das neugeborene Kind wird älter, ist jetzt zwischen dem 6. und 24. Monat und braucht die körperlich-emotionale Versorgung durch seine Mutter bzw. Bezugsperson. Vor allem dann, wenn es um die Erfüllung seiner Bedürfnisse nach Nahrung und Pflege geht, aber natürlich auch um die Erfüllung seiner emotionalen Bedürfnisse. Es schreit und möchte entweder genährt, gepflegt, gehätschelt oder gewickelt

25

werden. Neben diesen eher „mechanischen" Vorgängen braucht das Kind den Augenkontakt, das gehalten werden, die beruhigenden Laute und die Zugewandtheit seiner Umwelt. Und zwar so lange, bis es wirklich sowohl emotional als auch physisch satt ist. Werden seine Bedürfnisse nicht oder nur selten erfüllt, wird es nach einem Protest ebenfalls – wie die I. Stress-Persönlichkeit – kollabieren und mit großer Resignation nach innen gehen: „Ich werde nicht erhört, meine vitalen Bedürfnisse werden nicht erfüllt – egal, wie lange ich schreie". Hirn und Nervensystem sind in dieser Zeit noch sehr fragil und entwickeln sich in einem rasanten Wachstum, lernen aber nicht, was es heißt, sich wieder zu beruhigen, weil die Beruhigung und Bedürfnisbefriedigung zu dieser Zeit nur über die Mutter erfolgen.

Als Erwachsener wird dieser Mensch immer wieder Probleme damit haben, seine Bedürfnisse und Wünsche offen auszudrücken. Er wird versuchen, das Maximale aus dem zu machen, was er gerade vorfindet, sei es noch so wenig. Außerdem wird er mehr für andere da sein, als für seine eigenen Bedürfnisse einzustehen. Er glaubt, irgendwann etwas zu bekommen, wenn er nur genügend gibt. Daraus entwickeln sich Mutter-Theresa-Typen, stets hilfsbereit, stets aufopfernd. Da sie von ihrer Mutter nicht gelernt haben, wie man sich adäquat wieder beruhigt, sind sie Menschen, die sehr schnell und sehr oft innerhalb ihrer gesamten Gefühlsbandbreite pendeln und große Probleme mit ihrer Selbstregulation haben. Der Betroffene gibt sich insgeheim selbst die Schuld für alles, fühlt sich sehr bedürftig, unerfüllt und leer. Zugleich schämt er sich dafür. Willkommen in der II. Stress-Persönlichkeit, einer meist weiblichen Ausprägung.

Das Kind ist nun zwischen 1,5 und 3 Jahre alt. Es erprobt seinen Selbstausdruck und seine Durchsetzungs- und Aggressionsfähigkeit. Vielleicht wächst es gleichzeitig in einer Umgebung auf, in der intern eine gereizte Stimmung herrscht, während man nach außen so tut, als ob alles in Ordnung wäre. Oder es wird zum Spielball eines miteinander kämpfenden Elternpaares und/oder zum Partnerersatz für eines der beiden Elternteile. Das Kind wächst vielleicht in einer Umgebung auf, in der die Erwachsenen so tun, als ob sie sich um das Kind sorgen und kümmern, sie sind aber vornehmlich nur an sich selbst interessiert und haben vielleicht ausgeprägte narzisstische Züge. Das Kind bekommt auf der einen Seite Hilfe von seinen Bezugspersonen, aber nur um den Preis, dass es durch diese Hilfe manipuliert wird. Das macht es wütend und gleichzeitig spürt es auch seine Hilflosigkeit und Schwäche.

Als Erwachsener wird das Kind alles daran setzen, dass ihm diese Hilflosigkeit und Schwäche nie wieder passieren wird. Dazu benutzt es Kontrolle, seine Wut und seinen Ärger. Man kann diese Erwachsenen auch als „Ragaholic" bezeichnen, die auf ihre Art immer wütend sind. Kontrolle erreicht dieser Mensch über seine Wut und seine Fähigkeit, anderen Menschen Furcht einzuflößen. Oder über seine charismatischen Züge. Es gibt beide Ausprägungsstufen. Da dieser Mensch in einer für ihn unsicheren Umgebung aufgewachsen ist, hat er sehr feine Antennen für seine Umwelt entwickelt. Er ist dadurch seinen Mitmenschen sehr oft „einen Schritt voraus". Gleichzeitig ist er wettbewerbsorientiert und bereit, Verantwortung zu übernehmen, wobei die Grenzen zwischen Verantwortung und Macht fließend sind. Die größte Angst, gegen die diese Stress-Persönlichkeit ankämpft, sind

Erfahrungen der Hilflosigkeit, Schwäche und Abhängigkeit aus seiner Jugend. Hier haben wir die III. Stress-Persönlichkeit, eine meist männliche Ausprägung.

Im Alter zwischen zwei und vier Jahren geht es in der persönlichen Entwicklung um die Autonomie. „Wer bin ich" und „Wie weit darf oder kann ich gehen". „Wie weit kann ich mich von meinen Bezugspersonen entfernen und bis zu welchem Punkt gehöre ich noch dazu?" „Wo bin ich, wo ist meine Familie?" „Darf ich nein sagen, ohne verstoßen zu werden?" Das sind typische Fragen in diesem Alter. Manche Eltern reagieren auf diese Entwicklungen ihres Kindes eher drängend, einengend und kontrollierend. Sie erlauben dem Kind nicht die Erprobung dieses für seine Entwicklung notwendigen Selbstausdrucks. Das Kind fühlt sich dadurch frustriert und behindert, erlaubt sich aber nicht, seinen Ärger offen auszuleben, weil das offene Ausleben auch „Ausschluss" aus dem Familiensystem bedeuten könnte, so die kindliche Logik und Angst. Der Wille des Kindes wird entweder offen durch die Bezugspersonen gebrochen oder durch den Einsatz der Religion und deren Regeln. Das Kind reagiert auf die Anpassung an diese Regeln freundlich, lehnt sich aber auf einer tieferen Ebene dagegen auf.

Als Erwachsener wird dieser Mensch seine Freundlichkeit kultiviert haben. Er ist hilfsbereit, arbeitet und leistet sehr viel und bietet im Allgemeinen eine gute Performance. Er strengt sich außerordentlich an und arbeitet aufgrund seines ausgeprägt starken Willens recht erfolgreich. Wille und Anstrengung, gefällig sein und Leistung sind die Pfeiler, auf der seine nach außen gezeigte Persönlichkeit beruht. Trotzdem verbreitet er manchmal die Aura eines

Dampfkochtopfs. Die Menschen um ihn herum spüren, dass da noch viel unausgesprochene Wut und Druck im System sind. Menschen dieser Stress-Persönlichkeit zeigen beim Wort „Nein" eine sehr effektive Sprachstörung, da sie Angst haben, nicht mehr akzeptiert und geliebt zu werden. Andere könnten entdecken, wie sie wirklich sind: Ärgerlich, rebellisch, voller Kraft, stur und unabhängig. Diese IV. Stress-Persönlichkeit entspricht einer meistens männlichen Struktur.

Das Kind ist jetzt zwischen vier und sieben Jahre alt. Es entdeckt die Themen Liebe, Sexualität und Leidenschaft, vor allem zum gegengeschlechtlichen Elternteil. Es wird in diesen Annäherungen von seinen Eltern zurückgewiesen. Die Abweisung geschieht in genanntem Alter oder später in der Pubertät. In der Familie herrscht eher eine rigide Atmosphäre, was o.g. Themen angeht. Zuneigung gibt es nur für besondere Leistung. Zärtlichkeit und Emotion werden meistens nicht offen ausgedrückt oder abgewertet.

Der Erwachsene hat seine Lektion gelernt: Zuneigung und Liebe gibt es nur dann, wenn ich genug leiste, makellose Höchstleistungen erbringe und somit in meiner Leistung unangreifbar bin. Er setzt sich seine Ziele selbst. Diese werden immer höher, ob im Beruf oder im Privatleben. Zur Leistung gehören auch blendendes Aussehen und körperliche Makellosigkeit. Der Erwachsene hat die Rigidität des Elternhauses übernommen und ist hart gegenüber sich und anderen. Er hat kein Problem mit einem Nein und weist in Beziehungen meistens als Erster zurück, um nicht vom anderen zurückgewiesen zu werden. Unter diesem Verhalten steckt eine tief verletzte Persönlichkeit, die sich ungeliebt, unliebbar und hässlich fühlt. Diese Kriterien entsprechen der V. Stress-Persönlichkeit, die in beiden Geschlechtern vorkommt.

Wir alle haben eine Stress-Persönlichkeit entwickelt, da sich jedes Kind instinktiv seiner Umwelt anpasst, um aufwachsen und überleben zu können. Die Folgen sind kindliche Adaptionsversuche an die Umwelt und den Stress, den diese Umwelt verursacht. Diese Adaptionsversuche sind also keine Krankheiten oder schlechte Angewohnheiten, sondern eine erfolgreiche Bewältigung von Problemen, die nicht in der Verantwortung der Kinder lagen.

Kinder sind flexibel und haben die großartige Fähigkeit, sich schnell, kreativ und sehr zielorientiert an ihre Umweltgegebenheiten anzupassen, damit das eigene Überleben gesichert wird. Die Mutter hat zum Beispiel Probleme mit der adäquaten Versorgung des Kindes – das Kind lernt sehr schnell, wie es seine Mutter in die Lage versetzt, es zu versorgen. Die Mutter ist traurig – das Kind lernt sehr schnell, wie es sie aufheitert. Die Eltern brauchen Ruhe – das Kind lernt sehr schnell, sich anzupassen und sprichwörtlich mit der Umgebung zu verschmelzen, wenn es merkt, dass es den Eltern zu viel wird.

Ganz wichtig: Durch diese großartige Anpassungsleistung schaffen es Kinder, erwachsen zu werden. Diese Anpassungsleistungen entsprechen allerdings nicht dem „Normalzustand" des Kindes, sondern sind durch seinen Überlebensstress induziert, der nie nachlässt. Alle gezeigten fünf Bewältigungsstrategien besitzen ein erhöhtes Stressniveau, weil sie die einmal erlernte Strategien aufrechterhalten, um das Überleben auch im Erwachsenenalter zu sichern. Jede dieser Stress-

Persönlichkeiten ist auch eine Art Komfortzone: Wir haben gelernt, durch diesen Bewältigungsmechanismus unser Leben zu meistern, wenn auch mit erhöhtem Energieaufwand und dadurch mit zusätzlichem Stress. Aber dadurch bewältigen wir erfolgreich unser Leben.

Die Herausforderung in der Arbeit an der eigenen Stress-Persönlichkeit liegt darin, dass diese Mechanismen sich nach jeder erfolgreichen Wiederholung immer stärker in die unbewussten Verhaltensabläufe einbrennen. Da unser Hirn gerne auf die Erfolge und natürlich auch Erfahrungen der Vergangenheit zurückgreift, um daraus Handlungssicherheit für die Gegenwart und die Zukunft abzuleiten, bleiben diese erfolgreichen Anpassungsleistungen fest in unserem Nervensystem und letztlich auch in unserer Identität gespeichert. Unser normaler Stresspegel hat sich somit auf einem erhöhten Niveau etabliert und stabilisiert.

Etwas, das immer wieder funktioniert hat, wird auch bei jeder nächsten Herausforderung angewendet; oft bis ins hohe Erwachsenenalter hinein. Das, hier wird es spannend, ohne zu hinterfragen, ob dieses im Kindesalter eingeübte Verhalten auch als beispielsweise 40jähriger noch sinnvoll ist. Oft bemerken wir unsere erlernten Anpassungsleistungen nicht mehr, weil sie uns unbewusst sind. Es agiert automatisch. So kann es passieren, dass ein Fünfjähriger einen Vierzigjährigen steuert.

Wenn dann zur Grund-An-Spannung unserer Stress-Persönlichkeit noch etwas Unerwartetes hinzukommt, das unsere bisherigen Bewältigungs-Mechanismen nicht mehr handhaben können und wir mit den darunter liegenden

Ängste konfrontiert werden, versuchen wir mit allen Mitteln, wieder auf unser gewohntes Stress-Normalmaß, in unsere Komfortzone und/oder Stress-Persönlichkeit, zurückzukommen. Genau an diesem Punkt setzen die meisten Stress-bewältigungs- und Stressmanagement-Techniken an. Sie beschäftigt sich damit, Ihnen zu helfen, schnellstmöglich in Ihre Komfortzone zurückzukommen, die Sie schon gewöhnt sind und die Sie als Normalzustand erleben.

Gesund ist aber auch die nicht, weil sie der Vermeidung dessen dient, was auf der anderen Seite steht. Denn jede Stress-Persönlichkeit ist entwickelt worden, um das jeweils zugrunde liegende schlechte Gefühl zu vermeiden.

Nochmals einen Schritt zurück. Wenn wir als Kinder diese großartige Anpassungsleistung geschafft haben, dann nur deshalb, weil unsere Umwelt dies in den verschiedenen Phasen nicht hinbekommen hat. Der Antrieb zur Ausbildung unserer Stress-Persönlichkeit liegt also klar im Unvermögen der Umwelt, im meist unbewussten Unvermögen unserer Eltern. Diese Tatsache besteht nun mal. Wäre unsere Umwelt offen für unsere Bedürfnisse gewesen, hätte sie gewusst, wie diese kindlichen Bedürfnisse adäquat befriedigt werden, und dann hätten wir als Kinder nicht diese Anpassungsleistung vollbringen müssen.

Für Sie ist wichtig: Es geht heute darum, gewisse Muster zu erkennen, Erklärungen zu bekommen und über das Erkennen auch die Möglichkeit zur Veränderung zu haben.

Kinder haben in den geschilderten Altersstufen die Ange-wohnheit, für ein Versagen der Umwelt die Schuld auf sich zu nehmen. Sie sind ja schließlich der Nabel der Welt. Die Mama ist traurig – ich bin schuld daran. Die Eltern brauchen Ruhe – ich bin schuld daran, dass sie so erschöpft sind. Die Mama weiß nicht genau, wann ich Hunger habe – das ist meine Schuld, weil ich das nicht präzise vermitteln kann. Aus diesem „Ich bin schuld" wird dann rasch ein kindliches „Ich bin böse usw.". Diese kindliche Logik und Erkenntnis ist eine zusätzliche Triebfeder für die beschriebenen Anpassungsleistungen.

Doch das Kind hat keinen Fehler gemacht. Vielleicht entlastet das den einen oder anderen schon beim Lesen, weil eben diese Mangelerfahrungen aus der Umwelt leicht als eigener Mangel wahrgenommen werden. Daraus entwickeln sich alle möglichen Glaubenssätze in Richtung „Ich bin schuld, böse, schlecht", die dem glücklichen Leben des Erwachsenen im Wege stehen.

Vielleicht ahnen Sie das Perfide daran: Sie stöhnen heute nicht unter Ihrer Vergangenheit (die ist längst vorbei), sondern unter den immerwährenden Wiederholungen Ihrer damals gelernten Bewältigungsstrategie. Diese hatte zwar damals ihren Sinn, aber heute im Erwachsenenalter meistens nicht mehr.

Stressmanagement, wie ich es verstehe, bedeutet unter anderem, den eigenen Rhythmus von Anspannung und Entspannung wieder zu finden. Dazu gehört auch, diese Bewältigungsmechanismen zu durchschauen, die die eigene Stress-Persönlichkeit ausmachen, um gleichzeitig ein Auge auf die darunter liegenden Ängste zu werfen, die vorhanden sind und sich evtl. weiter ausprägen, je ausgefeilter die eigene Stress-Persönlichkeit funktioniert. Letztlich sind weder die eigene Stress-Persönlichkeit noch die persönlichen Ängste real, sondern Reaktionen auf meine Umwelt. Und wie es meistens bei Ängsten ist – je mehr ich die angstbesetzten Themen vermeide, z.b. durch Ausbildung meiner Stress-Persönlichkeit als Bewältigungsmechanismus, desto präsenter sind sie. Und müssen noch mehr vermieden werden. Ein sich selbst erhaltender und verstärkender negativer Kreislauf setzt sich in Gang.

Im Umgang mit Ihrer eigenen Stress-Persönlichkeit ist es nützlich zu lernen, auf jeder Ebene Ihres Erlebens in sich hineinhorchen zu können. Je besser Sie Ihre Gedanken, Gefühle, Empfindungen und Sinneswahrnehmungen erkennen können, desto intensiver werden Sie wieder zurück in einen gesunden Lebensfluss aus Anspannung und Entspannung kommen, ohne einen der beiden Pole überzubetonen. Dies geschieht auf leichte und ins tägliche Leben integrierbare Art und Weise.

Eine weitere Hypothese: Manche Veränderung der Lebensgewohnheiten klappen nur deshalb nicht, weil wir uns zu sehr um Veränderung bemühen und die Schritte dafür zu groß gewählt sind. Jeder Kampf und jede Anstrengung macht eng, bemüht den Sympathikus und führt dazu, dass wir wieder unsere Stress-Persönlichkeit leben. Manchmal haben wir sprichwörtlich auch gerade nicht so viel Kapazität frei, um einen großen Veränderungsschritt zu bewältigen. Wir versuchen viel zu oft, diesen Schritt vor allem auf kognitive Weise und auf der reinen Verhaltensebene mit mehr oder weniger Erfolg zu gehen. Die 5 Stress-Persönlichkeiten rücken die Identitäts- und Körperebene wieder mehr in das Blickfeld, ohne die Tipps auf der Verhaltensebene zu vernachlässigen.

Das Buch dient dazu, Ihr eigenes Verhalten immer besser erkennen und einordnen zu können. Dazu gehört natürlich auch das Verhalten der Mitmenschen. Im nächsten Schritt wird Ihnen das Aushalten und Tolerieren von Zuständen, vor denen Sie bisher davongelaufen sind oder von denen Sie sich z. B. durch die Vermeidungsprogramme ihrer Stress-Persönlichkeit abgelenkt haben, immer besser gelingen. Durch die bessere Selbsterkenntnis können Sie das, wovor Sie bisher weggelaufen sind, besser anschauen und immer besser aushalten. Dadurch bleiben Sie präsenter, stets ein Stückchen länger. Dadurch schaffen Sie es, sich immer besser und nachhaltiger selbst zu regulieren, ohne in Ihre Anpassungsstrategien zurückfallen zu müssen.

Doch selbst dann, wenn Sie Ihrer Stress-Persönlichkeit auf die Spur gekommen sind, wenn Sie Ihren Erste-Hilfe-Koffer effektiv einsetzen, werden Sie immer wieder aus der Kurve fliegen, weil Ihre Achillesferse – Ihre Stress-Persönlichkeit – bestehen bleibt. Aber, und das ist der große Unterschied, Sie werden immer besser lernen, damit umzugehen und werden dadurch immer widerstandsfähiger. Sie sehen, das Ziel ist nicht die Vermeidung, sondern die Resilienz.

Wir haben es in der Hand und die Handlungsmacht!

Um unseren erlernten Reaktionsmustern entsprechend gegensteuern zu können, empfiehlt es sich, immer mehr die eigenen Körpersensationen als Indikator für den aktuellen Zustand zu achten. Achtsamkeit heißt das Zauberwort, das aber oft nicht einfach umzusetzen ist, Achtsamkeit auf das was gegenwärtig eng macht, einem oft im wahrsten Sinne des Wortes die Luft wegnimmt und die Kehle zuschnürt. Erst im zweiten Schritt geht es um Ressourcenfindung: Was führt mich aus der Enge raus?

Mein Tipp: Nehmen Sie sich viel Zeit für den ersten Schritt der beobachtenden Achtsamkeit ohne Handeln. Es gibt nichts zu tun, nur beobachten und sich evtl. Notizen machen. Es besteht keine Handlungsnotwendigkeit. Bereits das kann entlastend wirken in unserer auf schnelle Handlung orientierten Welt.

Die Mischung der Stresspersönlichkeiten macht es aus!

Wie bereits erwähnt – es gibt keine der 5 Stress-Persönlichkeiten in Reinkultur, nur eine gewisse Gesetzmäßigkeit macht sich bemerkbar: Je intensiver sich Menschen in der I. Stress-Persönlichkeit befinden, desto höher ist „die Chance", dass sie auch Anteile der anderen Stress-Persönlichkeiten in sich tragen. Allerdings gibt es meistens eine dominante Stress-Persönlichkeit, die das Verhalten des Erwachsenen maßgeblich bestimmt.

Warum diese Gesetzmäßigkeit? Stellen Sie sich vor, der Zeitpunkt der Verunsicherung ist sehr früh in Ihrem Leben aufgetreten und entspricht beispielsweise der I. Stress-Persönlichkeit. Denken Sie sich in diese Zeit zurück. Ihre Muskulatur ist noch nicht so weit entwickelt, dass sie die interne oder externe Verunsicherung durch Kontraktion abfangen kann, Ihr Gehirn kann noch keine Dinge miteinander verknüpfen und in Zusammenhang bringen, es existiert nur ein sehr sensibles Nervensystem, das versucht, mit dieser internen oder externen Verunsicherung umzugehen. Und das Nervensystem „gibt sein Bestes".

Diese Menschen müssen also mit einem sehr früh verunsicherten und deshalb meistens sehr sensiblen Nervensystem umgehen lernen, das vielleicht offener und erregter und damit stressanfälliger als andere Nervensysteme, als bei denen, wo bereits eine Muskelschicht existierte, die die Verunsicherung abgefangen hat. Durch diese Offenheit und Sensibilität reagiert das Nervensystem ununterbrochen auf seine Umwelt und wird dadurch auch wesentlich verletzlicher, angestrengter und verbraucht Mengen von Energie, um den erreichten Status quo aufrecht zu erhalten.

Gerade diese Verletzlichkeit (dünne Schutzhülle) macht solche Menschen anfälliger für eine Verletzung auf dem jeweiligen Level der anderen Stress-Persönlichkeiten. Aus diesem Grund erhält die I. Stress-Persönlichkeit so viel Raum in diesem Buch.

Kontakt, Verbundenheit und Intimität, eint die Stress-Persönlichkeiten, zunächst mit sich selbst und daraus hervorgehend auch mit anderen Menschen.

Egal, was falsch gelaufen ist, es gab auch stets etwas, was gut lief, ist ein weiteres gemeinsames Merkmal. Sonst würden Sie nicht in diesem Buch lesen. Etwas in Ihnen ist heil geblieben und hat Sie erwachsen werden lassen. Auf dieses Positive richten wir oft viel zu wenig unsere Aufmerksamkeit. Ein guter Anlass, als kleine Zwischenübung, nach solchen guten Anteilen auf die Suche zu gehen.

Die Ängste unter der nach außen gezeigten Stress-Persönlichkeit

Eine weitere Hypothese zu den 5 Stress-Persönlichkeiten:

Das nach außen gezeigte Verhalten, die Bewältigungsstrategie, mit der die Stress-Persönlichkeit unterwegs ist, ist eine Anpassungsleistung an das Versagen der Umwelt. Auf der einen Seite gibt es diese als Kind erlernten und irgendwann automatisierten Anpassungsleistungen, auf der anderen Seite sehen sich Kinder gerne auch als „Nabel der Welt" und als Ursache für die Reaktionen ihrer Umwelt. Sie beziehen viele Reaktionen der Umwelt auf sich und bilden daraus Glaubenssätze. Diese Glaubenssätze beinhalten auch die Angst und Scham, vielleicht doch am Unglück der Eltern die Schuld zu tragen, ein schlechtes Kind zu sein, da die Mutter immer weinen muss, den Erwartungen der Eltern nicht zu entsprechen, da diese so oft miteinander streiten. Vor allem die Scham macht uns zu schaffen. Scham entspricht einem Kollaps und dem Versuch, einer tiefen kindlichen Not Sinn zu geben. Scham hat sehr oft etwas mit einer kognitiven Verzerrung zu tun.

Diffuse oder konkrete Gefühle von Angst und Scham, an diesen Glaubenssätzen könnte doch was dran sein, müssen unter der Decke gehalten werden, dürfen von der Umwelt nicht entdeckt werden. Die Anstrengung, diese Angst und Scham, von sich fernzuhalten, zu unterdrücken, nicht zu spüren, erfordert zusätzlich Energie.

Wir tragen auf der einen Seite unser Verhalten nach außen, auf der anderen Seite die Ängste und Schamgefühle in unserem Inneren. Je stabiler und ausgeprägter das nach außen gezeigte Verhalten wird, desto stabiler und ausgeprägter werden Ängste und Schamgefühle bzw. die Angst vor deren Entdeckung im Inneren.

Um beide Rollen aufrechtzuerhalten, bedarf es sehr viel Energie. Energie, die ihnen an anderer Stelle in Ihrem Leben nicht mehr zur Verfügung steht.

Strukturierung der nun folgenden 5 Stress-Persönlichkeiten

Ich habe in folgender Beschreibung der einzelnen Stress-Persönlichkeiten eine systematische und sich wiederholende Herangehensweise für jede Stress-Persönlichkeit gewählt, die Sie in einer bestimmten Reihenfolge an die jeweilige Persönlichkeit heranführt.

Dadurch haben Sie die Möglichkeit, sich zudem gezielt innerhalb der jeweiligen Stress-Persönlichkeit zu bewegen und sich so über einen Punkt zu informieren, der Sie besonders interessiert. Das kann zum Beispiel das erwachsene Verhalten, die Entstehung in der Kindheit oder der konkrete Blick auf die Handlungsempfehlungen sein.

1. **Entstehung der Stress-Persönlichkeit**:
   Entwicklungsgeschichte als Kind, dazugehöriges Alter und in welchem Umfeld die Stress-Persönlichkeit ins Leben kommt, Besonderheiten

2. **Wie geht es dem Erwachsenen mit seiner Stress-Persönlichkeit**: Körperbau, Krankheitssymptome, Affekte & Energielevel, Besonderheiten
3. **Verhalten als Erwachsener**: Beschreibung, wie die erwachsene Stress-Persönlichkeit auf der Verhaltensebene damit umgeht.
4. **Ängste als Erwachsener**: Mit welchen Ängsten kämpft die erwachsene Stress-Persönlichkeit offen oder unbewusst.
5. **Weg zur Entspannung**: Genereller Leitfaden für die jeweilige Stress-Persönlichkeit, wie sie ihr ureigenes Thema bearbeiten kann
6. **Handlungsempfehlungen** für die jeweilige Stress-Persönlichkeit

Für Ihre schnelle Eigentypisierung

Sie haben generell die Wahl, sich selbst über Ihre jeweilige Entstehungsgeschichte (Kindheit) einzuordnen (Bottom-Up-Ansatz) oder über Ihr heutiges Verhalten/Ängste als Erwachsener (Top-Down-Ansatz) an Ihre jeweiligen Stress-Persönlichkeiten anzunähern.

In beiden Fällen erhalten Sie ein schnelles Gefühl dafür, woher das vielleicht bisher unerklärliche Stressverhalten kommt.

Eine kleine Hilfestellung vorab: Wenn Sie Ihre vorherrschende Stress-Persönlichkeit identifiziert haben, gibt es stets bereits den ersten Weg, aus Ihrem bisher gezeigten unbewussten und automatischen Verhalten auszubrechen. Dabei geht es um die Verlangsamung Ihrer bisherigen Geschwindigkeit und Achtsamkeit als erste Handlung, da Sie ohne Achtsamkeit nach innen sich selbst und Ihrem Automatikmodus nicht auf die Schliche kommen werden.

Achtsamkeit bedeutet, immer wieder kurz innezuhalten und mit sich selbst in Kontakt zu kommen: „Hey, wie geht es mir gerade?" Das können Sie zweimal am Tag für jeweils eine Minute oder auch öfter für kürzere Zeit praktizieren. Je öfter Sie achtsam mit sich sind, desto häufiger werden Sie es gewohnheitsmäßig tun. Achtsamkeit wird zu Ihrer neuen Gewohnheit.

Zeit also, noch tiefer in jede einzelne der 5 Stress-Persönlichkeiten einzusteigen.

Stress-Persönlichkeit I

Wie entsteht diese Stress-Persönlichkeit?

Die I. Stress-Persönlichkeit entsteht in einer sehr frühen Phase des menschlichen Lebens, manchmal schon im Mutterleib, während der Geburt und/oder in den ersten sechs Lebensmonaten. Begünstigt wird ihre Entstehung zum Beispiel durch gesundheitliche, körperliche und psychische Probleme der Mutter und/oder des Kindes, Komplikationen innerhalb der Schwangerschaft, eine schwierige Geburt oder eine frühe Trennung von der Mutter z. B. durch Krankheit des Kindes und/oder der Mutter. Begünstigt wird sie weiterhin, wenn die Mutter überlastet oder überfordert ist, psychische Probleme hat oder traumatisiert ist und das Kind sehr früh – auch temporär – zu anderen Menschen geben muss. Es kann auch sein, dass es während dieser Zeit für das Kind ein körperliches Zuviel gab, gegen das sich das Kind nicht wehren konnte – dieses Zuviel kann Kälte, ein hochgehoben werden gegen den eigenen Willen, ein großes Erschrecken usw. sein – aus unseren erwachsenen Augen heraus ein wirklich profanes Ereignis.

In dieser Zeit geht es bei einem Kind vor allem darum, dass es sicher und adäquat gehalten wird, sich in seiner Umgebung sicher und wohlfühlt und dass seine Bedürfnisse angemessen erkannt und befriedigt werden. Es ist offen für seine Umwelt, neugierig, sucht und braucht den Kontakt mit seiner Umwelt als Bestätigung seiner selbst. Und natürlich immer wieder den sicheren Halt, aus dem heraus es erst in diese Neugier, Offenheit und Orientierung über alle Sinne gelangen kann. Diese Bedürfnisse werden bei der I. Stress-Persönlichkeit nur teilweise oder gar nicht erfüllt. Das Kind erlebt das als existenzielle Bedrohung, wird zuerst ärgerlich, fühlt eine instinktive Wut und Angst, spaltet dieses unheimliche Erleben seiner Hilflosigkeit ab, friert in seinen Bewegungen und Erleben ein, zieht sich zurück und dissoziiert. Die Abspaltung von Ärger und Wut gegen die primären Bezugspersonen findet deshalb statt, weil Ärger und Wut gegen die primären Bezugspersonen nicht sein dürfen, da dadurch der ganze Kosmos des Kindes gefährdet würde. Die einzige Möglichkeit des Kindes, darauf zu reagieren, besteht in Kontraktion und Einfrieren. Der eigene Körper und die An-Bindung an die Umwelt werden als nicht sicher wahrgenommen.

All diese Vorgänge erzeugen in den Nervenbahnen und Eingeweiden des Kindes einen Schock. Die Muskeln, die so etwas abfedern können, sind daran nicht beteiligt, da diese zu dieser Zeit der menschlichen Entwicklung noch nicht richtig ausgebildet sind. Um mit noch nicht richtig ausgebildeten Muskeln auf einen Schock zu reagieren, gibt es nur die Möglichkeit, sich „wegzubeamen", d.h. wir frieren ein, kollabieren innerlich, ziehen uns aus dieser gefährlichen Welt zurück, dissoziieren und schauen, dass wir größtmögliche Distanz zu unserem körperlichen Erleben bekommen. Vor dem Einfrieren und Abschalten liegt der Zyklus von Angst und Wut als Reaktion auf die wahrgenommene Bedrohung. Dann folgen die Abspaltung von Schmerz und Gefühl, die Wahrnehmung der Hilflosigkeit und letztlich der körperliche Kollaps. Ich wiederhole die Angst und Wut deshalb, weil diese Anteile bei der Betrachtung der I. Stress-Persönlichkeit gerne vergessen werden, aber sehr wichtig sind, um später verschiedene Verhaltensweisen zu erklären.

Die erste Reaktion des Kleinkindes auf diese Vorgänge ist unter anderem, dass es sich zusammenzieht und äußerlich einfriert. Vor allem die Bauchdecke kann schon sehr früh angezogen werden. Der harte Bauch wird so zur Notbremse eines Zuviels von außen (Verstopfung, Blähungen, Schrei-kinder). Meist wird diese erste Anspannungserfahrung ins erwachsene Leben mitgenommen. Diese Anspannungen werden, wie beschrieben, oft von einem sehr subtilen und unterschwelligen Zorn begleitet. Je intensiver dieser unter-schwellige Zorn wahrgenommen wird, desto stärker muss man sich anspannen und zusammenreißen, damit dieser nicht an die Oberfläche schwappt und eventuell zum falschen Zeitpunkt an falscher Stelle herausplatzt.

Durch das Erschrecken, die erlebte Angst und Wut, wohnt der I. Stress-Persönlichkeit ein hoher Erregungslevel und eine verstärkte Grundanspannung, die im Nervengewebe und in den Organen sitzt, inne. Diese hohe Erregung ist oft gepaart mit einem erstarrten Äußeren, wodurch es verstärkt zu einer Spaltung zwischen Denken und Fühlen sowie zwischen Körper und Geist kommt. Für diese internalen Vorgänge finden die Menschen dieser Stress-Persönlichkeit meistens keine kognitive Erklärung. Das ist verständlich, denn unser

Gehirn war zu dieser Zeit noch nicht so weit entwickelt, diese Zusammenhänge herstellen zu können.

Durch die oben beschriebene Entwicklung und diese oft wiederholte unsichere Bindungserfahrung wird die Welt „da draußen" als feindlich und dramatisch erlebt, was zu einer grundsätzlichen Habachtstellung (= Anspannung) führt – ein Teufelskreislauf beginnt.

Die I. Stress-Persönlichkeit als Erwachsener

Bei der I. Stress-Persönlichkeit handelt sich oft um schlanke und eher feingliedrigere Menschen. Der Körper ist fragil und doch nicht ganz passend. Die Proportionen stimmen oft nicht ganz überein, mal ist der Oberkörper zu lang, mal die Beine im Vergleich zur oberen Körperhälfte. Auch die linke und rechte Körperhälfte können sehr verschieden sein oder der gesamte Körper wirkt, ausgehend vom Prinzip der Wohlgeformtheit, etwas verdreht. Ihm sieht man die Anspannung an, er wirkt im Äußeren wie erstarrt, vor allem um die Augen und im Blick. Oft manifestiert sich diese Anspannung in einer Dauerverspannung, gerne im Bereich von Schulter und Nacken sowie in der Bauchgegend. Kein Masseur und kein Osteopath dieser Erde vermag es, diese Anspannungen dauerhaft und nachhaltig zu lösen.

Als Kind ging diese Stress-Persönlichkeit in die Erstarrung, um zu überleben. Erstarrung macht eng. Mit einem so sensiblen Organismus gesegnet, besitzt sie oft wenig Unabhängigkeit und Kapazität für Intimität mit anderen. Deshalb sind für diese Stress-Persönlichkeit emotionale Ausschläge in die eine oder andere Richtung stets ein großes Risiko, da diese Ausschläge oft über die verfügbare Kapazität hinausgehen.

Trotz dieser Spannungen wirkt die I. Stress-Persönlichkeit eher energiearm, der Energiefluss ist blockiert, was die Erstarrung im Äußeren erklärt, während das Nervensystem (Fluchtimpuls) auf Hochtouren läuft. Diese Kombination lässt sich mit einem Automatik-Auto vergleichen, bei dem man gleichzeitig auf Gas und Bremse tritt. Die innere Unruhe nimmt zu, die Stress-Persönlichkeit kann nicht mehr abschalten und der Schlaf wird brüchig. Das normalerweise fürs Sortieren zuständige Gehirn lässt sich nicht mehr ausschalten und unter beruhigende Kontrolle bringen.

Die Affekte sind schwach ausgeprägt, der Atem meistens flach, das Zwerchfell und die Bauchdecke nicht in die Atmung einbezogen. Diese Stress-Persönlichkeit ist schneller erschöpft als andere Menschen, sehr oft ist sie auch viel zu schnell unterwegs und kennt dann in diesem Fall nur noch die Aggregationszustände – „on" und „off", d.h. schnell arbeiten und dann nach Hause und ins Bett.

Sie benutzt für die Probleme dieser Welt vor allem ihren Kopf und versucht sich gleichfalls durch Denken zu beruhigen, sollte die Erregung überhandnehmen. Damit sie dabei nicht abgelenkt wird, nimmt sie ihren Körper kaum noch wahr. Während sie im Äußeren als sehr ruhig wahrgenommen wird, läuft ihr Nervensystem im Inneren auf Hochtouren, was sie aber so nicht wahrnimmt. Sie hat sich an diesen Zustand bereits gewöhnt. Ihr körperliches Motto könnte lauten: „Wenn alles in mir starr ist, dann spüre ich den Schmerz in mir nicht mehr". Es kann bei dieser Stress-Persönlichkeit auch zu einer gewissen Art von Hypochondrie kommen. Der Körper wird verhältnismäßig gut gespürt, aber mit Angst wahrgenommen. Hinter jedem momentanen Symptom wird dann eine große Krankheit vermutet. Auch das ist eine Form von Kontrolle.

Die körperlichen Symptome zeigen sich sehr vielfältig und oft in chronischen Krankheiten: Verspannungen in Nacken- und Schulterpartie, Kopfschmerzen, Migräne, Hyperaktivität, Depression, Ängste und Zwänge. Vor allem die Zwänge und Zwangshandlungen sind ein gutes Mittel, um die Kontrolle zu behalten. Gerade Kontrolle und Herstellung von Sicherheit durch Kontrolle ist für die I. Stress-Persönlichkeit sehr wichtig. Zu den bereits geschilderten Symptomen kommt gerne eine chronische Müdigkeit hinzu, das Magen-Darm-System ist oft gestört – Verstopfung und Durchfälle wechseln sich ab. Generell neigt die I. Stress-Persönlichkeit aufgrund ihrer Überempfindlichkeit zu verschiedenen Allergien wie Autoimmunkrankheiten, Hashimoto usw.

Die I. Stress-Persönlichkeit
und ihr Verhalten als Erwachsener

Diese Menschen sind zwar brillante Denker aber eher des-organisiert, vermeidend im Verhalten und oft Spirituellem gegenüber aufgeschlossen. Sie befassen sich gern mit tech-nischen und abstrakten Dingen, analysieren gerne oder wenden sich der Natur, Tieren oder göttlichen Wesen zu. Die Affinität zu Tieren deshalb, weil Tiere nicht als so gefährlich wie Menschen wahrgenommen werden. Über Tiere hat man ja auch eine gewisse Macht und Kontrolle.

Sie sind sehr stolz darauf, möglichst viel selbst zu können, möglichst unabhängig zu sein. Sie brauchen keine anderen Menschen. Ihre nach außen gezeigte Existenz basiert oft auf ihren Rollenfunktionen, z.B. „Ich bin Rechtsanwalt, ich bin …" usw. Sie betonen gerne Ihre Rationalität und insgeheim verachten sie Menschen, die emotionaler als sie selbst sind. Das ist für sie reine Gefühlsduselei. Ihr spirituelles und intellektuelles Überlegenheitsgefühl macht sie unabhängig und zu Einzelgängern; „Ich brauche nur mich, sonst niemand". Oft setzt sie Zynismus und Zweifel als gute Methoden ein, um sich von anderen Menschen abzugrenzen und Distanz zu schaffen. Hinzu kommt die erwähnte Geschwindigkeit im Handeln, die sprichwörtlich viele andere Menschen hinter sich lässt.

Diese Schnelligkeit wird bei zunehmendem Stress noch stärker hervortreten, was das bereits angeschlagene System und der Körper immer weniger verkraften. Geschwindigkeit dient als Bewältigungsstrategie. Wobei die Geschwindigkeit bei allen Stress-Persönlichkeiten ein probates Mittel ist, um unangenehme Dinge zu meiden bzw. wenigstens schnell „hinter sich zu bringen". Die Geschwindigkeit wird aber nicht lange durchgehalten – das schon erwähnte „on" und „off" setzt ein.

Durch die erwähnte Überbetonung des Intellekts hat sie nur einen verminderten Zugang zu ihrem Körper und den darin beheimateten Gefühlen. Diese intellektuellen Eskapaden und Tagträume werden als wesentlich angenehmer empfunden als das irdische, körperliche Dasein. Die Kontrolle besitzt erneut einen hohen Wert. Das was plan- und kontrollierbar ist, ist sicher. Deshalb wird sie immer versuchen, zuerst mit ihrem Kopf für diese Kontrolle und damit für Sicherheit zu sorgen.

Wenn es ihr im Außen und Innen zu viel wird, zieht sie sich zurück, sie isoliert sich und sei es nur, dass sie sich in ihre innere Welt zurückzieht, während ihr Körper weiter mit am Tisch sitzen bleibt (Dissoziation). Ihre Fähigkeit zum Tagtraum ist groß und wird regelmäßig genutzt. Sie geht aus dem Kontakt. Manchmal sehr radikal, sehr schnell. Sie ist sprichwörtlich nicht mehr da. In der Regel bemerkt sie dieses „Aus dem Kontakt gehen" nicht und erschrickt, dass ihre Reaktionen aus diesem Zustand heraus bei ihrer Umwelt gar nicht gut ankommt oder für Befremden sorgt.

Aber durch die Dissoziation findet sie ein bisschen Ruhe. Der Rückzug findet auch dann statt, wenn diese Stress-Persönlichkeit ihre Umwelt genügend in sich „aufgesogen" hat. Sie ist auf dem energetischen Level sehr aufnahmebereit und feinfühlig für andere und hat dann Schwierigkeiten, auszusortieren, was wahr ist und was nicht, was Realität und was Projektion ist. Diese Hypersensitivität geht oft mit besonderen Begabungen einher. Diese Stress-Persönlichkeit hat eine gewisse „Hellsichtigkeit" und kann besonders gut mit Kindern und Tieren umgehen.

Obwohl sie ein gutes Abgrenzungspotenzial durch ihre Dissoziation hat, wird ihr alles sehr schnell zu viel – zu viele Menschen, zu hohe Lautstärke, zu viele visuelle Eindrücke, zu kalt, zu warm usw. Sie ist oft in ständiger Abwehrhaltung. In Kreisen, in denen zwischen „leisen" und „lauten" Menschen unterschieden wird, also zwischen introvertiert und extrovertiert, gehört diese Stresspersönlichkeit eindeutig in die Kategorie leise bzw. introvertiert. Die Verletzung der eigenen Grenzen durch andere kann – wenn diese Stress-Persönlichkeit nicht achtsam ist – zu einem ständigen Begleiter werden. Am liebsten ist sie mit sich selbst alleine – das genügt ihr an Gesellschaft.

Im zwischenmenschlichen Bereich ist sie, wie schon beschrieben, eher verstandesmäßig als gefühlsorientiert gesteuert und hat ihre Herausforderungen mit längeren und nachhaltigen sozialen Verbindungen bzw. emotionaler und körperlicher Bewusstheit. Dies gilt auch für Intimität, die diese Stress-Persönlichkeit nur schwer und vor allem nicht auf Dauer aushält. Im Grunde genommen umgibt sie sich gerne mit ihrer eigenen Stress-Persönlichkeit, hier fühlt sie sich am meisten verstanden. Und dennoch fühlt sie in dieser Verbindung eine gewisse Leere und bekommt nicht das, wonach sie sich – angstbehaftet – eigentlich sehnt.

Diese Stress-Persönlichkeit lässt sich meistens nicht aus vollem Herzen auf einen anderen Menschen ein, und wenn sie es tut, wird das von großen Ängsten begleitet, weil es eigentlich entgegen ihrem starken Rückzugswunsch geschieht. Menschliche Wärme und Zuneigung sind eine große Herausforderung, weil dadurch der eigene Körper aktiviert wird und in mehr Expansion und Lebendigkeit geht. Das wird sehr oft als unangenehm empfunden.

Ihr generelles Verhalten ist eher vermeidend, weil sie auf der einen Seite Angst vor Isolation, aber auch große Angst vor dem überrollt werden hat. Dieses Empfinden des überrollt werden hat nicht nur mit der Außenwelt, sondern auch mit den eigenen Impulsen zu tun. Diese Zurückhaltung hat in der Kontrolle ihren Ursprung, gemäß der Umgebung als auch sich selbst.

Diese Stress-Persönlichkeit ist sowohl bei Frauen als auch bei Männern anzutreffen.

Die I. Stress-Persönlichkeit und ihre Ängste

Diese Ängste bzw. Schamgefühle können bei der I. Stress-Persönlichkeit vorhanden sein:

- Sie kann sich generell für ihre Existenz und dafür, nie richtig im Hier und Jetzt angekommen zu sein und ihren Platz gefunden zu haben, schämen.
- Sie hat das Gefühl, nirgendwo willkommen zu sein, nirgendwo richtig dazuzugehören und für andere eine Belastung zu sein.
- Da sie sich selbst unterstellt, dass sie unfähig ist zu fühlen, hat sie das Gefühl, absolut nicht liebenswert zu sein. Wer nicht liebenswert ist, hat Gutes nicht verdient.
- Sie hat die Befürchtung, für andere eine Last, eine Belastung zu sein.
- Angst vor Kontakt mit anderen Menschen, vor enger Verbindung mit einem anderen Menschen
- Manchmal fühlen sich diese Menschen böse, falsch und irgendwie fehlerhaft

Die I. Stress-Persönlichkeit und ihr Weg zur Entspannung

Im Weg zur Entspannung wird beschrieben, wie Sie selbst versuchen können, aus Ihrem bisherigen Automatikmodus ein Stück weit auszusteigen. Und, ich kann es nicht oft genug erwähnen: Ihr Automatikmodus wurde erschaffen, um auf den in der Vergangenheit erlebten Stress zu reagieren. Sollten Sie bemerken, dass Sie sich mit den einzelnen Punkten der Entspannung schwertun, zögern Sie nicht, sich externe Hilfe und Anleitung zu holen. Niemand muss und kann alles können.

Für die I. Stress-Persönlichkeit ist für einen Weg in die Entspannung vor allem wichtig, mit sich, ihrem Körper und ihren Emotionen in Verbindung zu sein sowie die Kapazität immer weiter zu erhöhen zu anderen Menschen stabile Verbindungen aufzubauen. Es geht vor allem um die immer wiederkehrenden Erfahrungen, ob man im Kontakt mit sich ist oder nicht.

Allein die Erkenntnis, ob man gerade im Kontakt ist oder nicht, kann eine große Herausforderung darstellen. Dafür benötigt man eine Portion Achtsamkeit und muss lernen, dass die bisher gelebte Geschwindigkeit für Achtsamkeit kontraproduktiv ist. Auch wettbewerbsorientierte Sportarten oder Sportarten, die auf Geschwindigkeit und Ausdauer (Anspannung) beruhen, sind kein Weg zur Entspannung.

Es geht in den ersten Schritten darum, sich darauf zu konzentrieren, wo der Kontakt schon gut gelingt und langsam zu versuchen, die Verbindung zu sich und zur Außenwelt immer wieder ein Stückchen mehr zu festigen. Es geht um die Wiederverbindung zum eigenen Körper und zum eigenen Gefühl.

Auch die inneren Kritiker sind Relikte aus der Vergangenheit. Sie haben geholfen, zu überleben. Mehr nicht! Manchmal hilft es, sie beständig weniger ernst zu nehmen, sie wahrnehmen, aber nicht mehr ernst nehmen.

Es geht immer mehr darum, in einer Moment-zu-Moment-Bewegung sehr langsam zu erforschen, wie sich die gezeigten Symptome im eigenen Leben auswirken und mit dem Wissen dieses Organisationsprinzips sich und die Verbindung zu anderen zu betrachten. Es geht nicht darum, hart an sich zu arbeiten oder gegen etwas anzukämpfen, sondern nur darum, sich wahrzunehmen. Durch die Wahrnehmung werden sich Dinge ändern, weil sich durch die Wahrnehmung Dinge wieder verbinden können, die lange getrennt waren.

Handlungsempfehlungen für die I. Stress-Persönlichkeit

1. Lenken Sie Ihre Achtsamkeit im reinen Beobachtungs-modus immer wieder darauf, wann sie im Kontakt mit sich und der Außenwelt sind und wann nicht. Und: Bitte zwingen Sie sich nicht. Beobachten Sie immer wieder mal, beiläufig und neugierig. Es geht um keinen Wettkampf. Allein das Bemerken von Kontakt oder Nicht-Kontakt ist ein großer Schritt Richtung Änderung und Entspannung.

2. Prüfen Sie immer wieder Ihren Kontakt zum Boden. Auf dem Boden sortiert sich vieles. Spüre ich meine Füße auf dem Boden, kann ich da ein bisschen mehr Druck gegen den Boden erzeugen, kann ich mit meinen großen Zehen wackeln? Mit der Verbindung zum Boden bekommen Sie automatisch mehr Erdung und mehr Präsenz, mehr Gegenwart, mehr Kontakt in Ihr Leben.

3. Da es bei dieser Stress-Persönlichkeit auf mehr Präsenz und mehr Kontakt ankommt, sind alle langsamen Sportarten, die eine bewusste Verbindung zur Erde haben, hilfreich, z.B. Yoga, hilfreich. Alle schnellen Sportarten können süchtig machen und benötigen eine permanente Steigerung für denselben Effekt.

4. Kontakt hat auch etwas mit Grenzen zu tun. Und eigene Grenzen haben etwas damit zu tun, was mir gut tut und was nicht. Erforschen Sie Ihre eigenen Grenzen – wo hören Sie auf, wie hätten Sie sich manchmal gerne geschützt? Was brauchen Sie für diesen Schutz? Wo können Sie Ihre Grenzen schützen und wo haben Sie zurzeit Probleme damit?

5. Was hat bisher in meinem Leben gut funktioniert? Diese Frage können Sie sich mindestens einmal pro Tag stellen. Denn etwas hat bisher in Ihrem Leben gut funktioniert. Sonst würden Sie dieses Buch nicht lesen. Oft im Leben ist es entscheidend, worauf Sie Ihren Aufmerksamkeits-Fokus legen – warum nicht auf das, was bisher gut funktioniert und Ihnen geholfen hat. Halten Sie sich das immer wieder vor Augen; es reguliert Stress und beruhigt zugleich.

6. Was können Sie besonders gut? Welches sind Ihre Ressourcen, auf die Sie immer wieder zurückgreifen können und von denen Sie wissen, dass sie funktionieren und dass Sie sich darauf verlassen können? Setzen Sie sich hin und schreiben Sie eine Liste über alles, was Sie besonders gut können, worin Sie erfolgreich sind. Erstellen Sie eine Ressourcenliste und beschäftigen Sie sich immer wieder damit.

7. Diese Stress-Persönlichkeit liebt Regelmäßigkeit und Kontinuität auf allen Ebenen, weil Regelmäßigkeit und Kontinuität etwas mit Kontrolle und Handlungsfähigkeit zu tun haben und natürlich auch mit Beruhigung. Gönnen Sie sich verstärkt diese Regelmäßigkeit und Kontinuität. Schaffen Sie sich diese Zonen und die Möglichkeiten, sich auszuruhen und sich zu erholen.

8. Sie haben oftmals einen sensiblen Organismus, und nicht unbegrenzt Kraft, Energie und Kapazität für Ihr unermüdliches Tun; so sehr Sie auch die Zähne zusammenbeißen, sich anstrengen und schnell unterwegs sind. Erforschen Sie Ihre eigene Geschwindigkeit und Kapazität, mit den Dingen umzugehen. „Wie viel ist gut, ab wann wird es nicht mehr gut?" Wie sieht Ihr persönlicher Rhythmus aus – egal was Ihre Umwelt sagt. Es geht um Sie, um niemanden sonst.

9. Bleiben Sie auf Ihrer Erforschungsreise – in welchen Bereichen Ihres (Er-)Lebens fühlen Sie besonders viel Anspannung und wo etwas mehr Entspannung? Führen

Sie ein Anspannungs- und Entspannungstagebuch, damit Sie sich besser auf die eigene Spur kommen. Versuchen Sie die entspannenden Momente zu erweitern und gleichzeitig die anspannenden Momente zu reduzieren.

10. Achten Sie immer wieder darauf, dass es nicht nur Ihr inneres Erleben, sondern auch eine Umwelt gibt. Versuchen Sie, zwischen diesen beiden Welten – Innenwelt und Außenwelt – nach und nach ein bisschen zu pendeln und beobachten Sie, wie es Ihnen damit geht.

11. Die I. Stress-Persönlichkeit hat oft einen oder mehrere sehr aktive innere Kritiker. Diese sind nicht Ihre eigenen Kritiker – sie erinnern sich daran? Versuchen Sie, diese inneren Kritiker immer beständiger zu überhören und immer weniger ernst zu nehmen. Nehmen Sie sie lediglich noch wahr, nach dem Motto „Ah ja, jetzt meldet der sich schon wieder". Schenken Sie dem inneren Kritiker in der Folge keine große Bedeutung mehr. Entwickeln Sie zunehmend Wohlwollen sich selbst gegenüber. Sie sind absolut in Ordnung! Oder beobachten Sie Ihre Inneren Kritiker – das mögen die meisten von denen gar nicht.

Stress-Persönlichkeit II

Wie entsteht diese Stress-Persönlichkeit?

Die II. Stress-Persönlichkeit entwickelt sich zwischen dem 6. und 24. Lebensmonat. Sie entsteht während eines Zeitraums, in dem sich sowohl unser Hirn als auch unser Nervensystem in sehr schnellem Tempo entwickeln. Gleichzeitig ist der sehr fragile Organismus des Kindes komplett von Pflege und Zuneigung der Mutter bzw. seiner Bezugspersonen abhängig. Das Kind ist zu diesem Zeitpunkt äußerst offen und neugierig auf seine Umwelt. Die Sehnsucht des Kindes in dieser Altersspanne dreht sich vor allem um das genährt werden, die körperliche und seelische Pflege und die Regulation seiner kindlichen Affekte. Und letztendlich geht es übergeordnet darum, Bedürfnisse haben zu dürfen, diese zu artikulieren und sie erfüllt zu bekommen. Das schafft Vertrauen in sich und die Umwelt. Auch die eigene Selbstregulierung lernt das Kind durch das Zusammensein mit der Mutter. Es wird physisch genährt, reguliert durch das Brustgeben und emotional durch den Blick in die Augen der Mutter, während es gefüttert, sicher gehalten und zärtlich berührt wird.

Die erste Reaktion eines Kindes auf das Nicht-Erfüllen seiner Bedürfnisse sind Ärger und Protest. Wenn dies nicht zum Erfolg führt, wird der Ärger mit der Zeit genauso unterdrückt, wie die eigenen Bedürfnisse, und damit auch irgendwann das Erkennen der eigenen Bedürfnisse. Das entspricht der reinen Schutzmaßnahme, wenn ich permanent meine eigenen Bedürfnisse erkennen würde, sie gleichfalls aber nie erfüllt bekäme – dann wäre das eine lebenslange Hölle. Also verlerne ich meine Bedürfnisse, damit es nicht ganz so schmerzvoll ist.

Die Sehnsucht nach der Mutter wird unterdrückt, bevor die eigenen Bedürfnisse nach Nahrung und Pflege gestillt sind; das Kind protestiert und schreit nach seiner Mutter, gibt aber irgendwann auf, wenn sein Schreien nicht laut genug war oder die Mutter einfach nicht kommt. Die Folge ist ein Aufgeben aus Resignation und ein anschließender Kollaps.

Es liegt ein Versagen der Umwelt vor, da diese aus verschiedenen Gründen nicht in der Lage ist, auf das, was das Kind äußert, angemessen einzugehen. Das Versagen der Umwelt wird vom Kind zu diesem Zeitpunkt als eigenes Versagen wahrgenommen und etwas von der Außenwelt in die Innenwelt übernommen.

Dieser Prozess – Kind schreit und Mutter kümmert sich um das Kind – kann aber auch durch das Kind so modifiziert werden, dass das Kind lernt, zuerst seine eigene Mutter zu regulieren, damit diese danach in der Lage ist, ihr Kind zu versorgen. Der Weg, seine eigenen Bedürfnisse befriedigt zu bekommen, geht dann über die Regulation der eigenen Mutter. Dahinter steckt auch immer ein Wunsch nach Kontakt. Das Kind schränkt seine eigenen Bedürfnisse ein, um die dadurch freiwerdende Kapazität an Bemutterung seiner Bezugsperson zu erhalten. Es ignoriert seine Bedürfnisse irgendwann und schwingt sich eher auf die Bedürfnisse seiner Bezugsperson ein, als auch auf die eigenen.

Störende bzw. diese Stress-Persönlichkeit begünstigende Faktoren können unter anderem sein: Tod oder Krankheit der Mutter, frühe Abgabe in ein Waisenhaus oder zur Adoption, die Mutter selbst hat keinen Handlungsleitfaden für die Pflege eines Kindes, eine zu lange Trennung von der Mutter. Gleichfalls kann eine emotionale Nichterreichbarkeit der Mutter bzw. des Vaters oder extreme Armut/Mangel die Entwicklung der II. Stress-Persönlichkeit fördern.

Aus den genannten Gründen musste das Kind frühzeitig unabhängig werden. Der Konflikt wird geschürt aus dem Bedürfnis nach Liebe und der Angst vor Enttäuschung dieses Bedürfnisses.

Sie erinnern sich vielleicht daran, dass bis weit in die 70ger Jahre des letzten Jahrhunderts Eltern geraten wurde, ihr Kind so lange schreien zu lassen, es in den kalten Flur zu schieben oder ins dunkle Kinderzimmer usw., bis es von alleine damit aufhört. Dieses von alleine Aufhören stellt allerdings keine „Einsicht des Kindes" dar, sondern Aufgabe aus Resignation und der darauf folgende Kollaps des Kindes.

Aus dem bisher Beschriebenen entwickelt sich eine Identität, die nach außen hin keine eigenen Bedürfnisse hat. Die unbewusste Zurückweisung der eigenen Bedürfnisse und die sich daraus entwickelnde Resignation ist das zentrale Muster dieser II. Stress-Persönlichkeit. Es geht um die Bitterkeit, nicht das zu bekommen, was man benötigt, das Abspalten des Ärgers und das Agieren nach innen.

Anders als bei der I. Stress-Persönlichkeit hat die II. Stress-Persönlichkeit bereits sehr viel verkörpert: Der Verlust, das Verlassenwerden, die Nichterfüllung der eigenen Bedürfnisse ist im Nervensystem und in den Muskeln gespeichert. Der Körper fühlt sich sehr oft, vor allem in der Körpermitte, sehr leer an.

Die II. Stress-Persönlichkeit als Erwachsener

Menschen mit einer II. Stress-Persönlichkeit sind für gewöhnlich mit wenig Energie gesegnet. Das ändert sich höchstens dann, wenn sie das Gefühl hat, dass es etwas gibt, was ihre Leere füllen könnte. Ihre Atmung ist oberflächlich, tiefe Atemzüge sind selten. Sie haben viel Spannung im Nacken und Enge im Brustraum, was auch die oberflächliche Atmung erklärt. Aufgrund der Spannung im Nacken ist auch der Kiefer angespannt und fühlt sich im Vergleich mit dem restlichen Körper etwas überentwickelt an.

Ihr Körper erinnert an den unreifen Körper eines Kindes mit einer unterentwickelten Muskulatur, die Haut ist leicht blass und bekommt schnell blaue Flecken. Die schwächsten Körperteile sind die Beine, die nicht als stabil erlebt werden, weil sie schnell ermüden und keinen sicheren Stand entwickeln. Der Kopf hat mehr Ladung und ist besser entwickelt als die Beine. Die Augen sind oft groß, der Blick wirkt sehnsüchtig, was gerne mit einem liebevollen und gütigen Blick verwechselt wird.

Die körperlichen Symptome manifestieren sich in Kopf-schmerzen bis hin zur Migräne und in erhöhter Anspannung, überwiegend im Kiefer. Auch Haut- und Atemprobleme sind häufig gegeben.

Beim Essverhalten gibt es zwei Ausprägungen. Diejenigen, die unter Stress essen oder andere Substanzen einnehmen und eher eine Tendenz zum Übergewicht haben und diejenigen, die unter Stress nicht mehr essen können und eher zum Untergewicht neigen. Bei beiden Ausprägungen kommt es gerne zu Suchtverhalten. Alle diese Süchte stellen dabei den Versuch dar, sich selbst, auch maßlos, regulieren zu können. Grundlage für fast jede Sucht ist der Drang, die Dosis ständig zu erhöhen.

Bei beiden Nahrungstypen wird oft eine Leere im Bauch empfunden.

Die II. Stress-Persönlichkeit und ihr Verhalten als Erwachsener

Die II. Stress-Persönlichkeit gibt viel, um irgendwann selbst zu erhalten, sie hilft also anderen Menschen, um selbst ebenfalls etwas zu erhalten, was sehr oft nicht der Fall ist. Sie versucht zu geben, was sie ihr nie gegeben wurde. Dadurch kommt sie in eine Position, die nie bedürftig wirkt. Die Umwelt spürt allerdings die nicht ausgesprochene Anklage, weil es dieser

Stress-Persönlichkeit nie genügt, was sie zurückbekommt und die nie artikulierte Sehnsucht nach dem, was sie gerne hätte, mitschwingt.

Die Stress-Persönlichkeit redet gerne und viel, um Aufmerksamkeit und Liebe zu bekommen. Dies wird durch einen wachen Intellekt und eine sehr früh entwickelte Sprachfähigkeit unterstützt. Sie musste früh erwachsen werden und eventuell die Mutter zuerst regulieren, bevor die Mutter für das Kind da sein konnte. Dieses Muster wird im erwachsenen Alter mit anderen Menschen gerne wiederholt: Die anderen müssen erst reguliert werden, bevor es eventuell etwas zurückgibt. Durch das Sprechen setzt ebenfalls ein gewisser Aspekt der Selbstregulierung ein.

Auffallend bei der II. Stress-Persönlichkeit sind die schnellen Stimmungsschwankungen, die rasch von großer Niedergeschlagenheit zu Hochgefühl wechseln. Beide Extreme werden tief erlebt, es kann zu großer Impulsivität kommen. Die generelle Kapazität, mit einer solchen Achterbahnfahrt der Emotionen umzugehen, wird von Mal zu Mal kleiner und erhöht den persönlich gefühlten Stressfaktor. Aus diesen schnellen und starken Stimmungsschwankungen heraus klammert sich die II. Stress-Persönlichkeit gerne an andere Menschen, wobei die Beziehungen eher narzisstisch und auf sich selbst orientiert sind, nach dem Motto: „Ich liebe dich und ich weiß, dass du mich liebst".

Menschen mit ausgeprägter II. Stress-Persönlichkeit sammeln gerne notleidende Tiere und ebensolche Menschen um sich herum. Sie suchen sich unbewusst die Menschen aus, die gerne nehmen, ohne selbst zu geben, was natürlich in der Folge das Weltbild dieser Stress-Persönlichkeit bestätigt. Beruflich finden wir diese Stress-Persönlichkeit oft in sozialen Berufen.

Aufgrund ihrer Erfahrungen in frühester Kindheit benötigt sie für sich sehr wenig. Ihre eigenen Bedürfnisse sind für sie ein unbekanntes Land, sie hat große Probleme damit, ihre Bedürfnisse und Wünsche auszudrücken. Sie erzeugt sozusagen das Maximum aus dem Minimum, das ihr ihre Umwelt bietet oder sprichwörtlich übrig lässt. Genauso große Probleme bereitet es ihr, mit ihren teilweise heftigen Affekten (Emotionen) passend umzugehen.

Es besteht die Tendenz, sich immer wieder dieselbe Umwelt zu kreieren. Ihr Weg der Affekt-Regulation führt über die Hilfe an anderen Menschen oder an Tieren. Also nur dann, wenn sie selbst anderen Menschen helfen kann, geht es ihr vordergründig wirklich gut. Deshalb klammert sie auch gerne. Die Illusion dabei ist, dass sie dadurch letztlich ihre Bedürfnisse befriedigt bekommt. Dadurch schwächt sie sich und nährt gleichzeitig die Hoffnung, dass bald jemand kommt und sie pflegt.

Außerdem ist die Stress-Persönlichkeit anfällig für Süchte jeglicher Art. Sie ist der typische Kümmerer, sie ist jederzeit und immer für andere da und sehr stolz darauf, dass sie anderen weiterhelfen kann. Sie ist unersetzlich und braucht selbst nichts. Mutter Theresa entspricht dieser Stress-Persönlichkeit.

Sie versucht, sich unersetzlich zu machen. Nach außen hin sind es sehr friedliebende Menschen, denen niemand zutraut, dass sie „einer Fliege etwas zuleide tun können". Aber in ihrem Beziehungsverhalten hat sie Probleme, Beziehungen aufrechtzuerhalten, weil sie zwischen den Zuständen „Ich brauche nichts" und „Ich will alles und fordere das jetzt auch ein", hin und her pendelt. Die Beziehung zum Gegenüber wird dadurch sehr anstrengend, desorganisiert und ambivalent. Gleichzeitig ist diese Stress-Persönlichkeit vollkommen überfordert, sobald es etwas umsonst für sie gibt – das kann sie sprichwörtlich nicht verstoffwechseln.

Wenn all ihre Bemühungen nicht zum gewünschten Erfolg führen, reagiert sie mit Bitterkeit und Resignation, bis hin zu einer ausgeprägten Depression. Es kann auch vorkommen, dass die bis dahin mühsam unterdrückte Aggression ans Tageslicht tritt; sie explodieren von einem Moment auf den anderen. Aufgrund des geringen Energielevels, halten die Ausbrüche nicht lange an. Es ist nicht genug Aggression vorhanden, um die Dinge zu einem Ende zu führen, da sie dazwischen kollabiert sie. Die Stress-Persönlichkeit greift nicht wirklich nach dem, was sie will. Ungenügende Energie und Angst vor Enttäuschung verhindern das.

Der unterschwellige Ärger kann zum Dauerärger werden. in Bayern bezeichnet man diese Menschen als „Grantler". Sie wirken permanent gereizt. Aufgrund des empfundenen Mangels werden auch die schönen Dinge nicht mehr wahrgenommen, die Stress-Persönlichkeit hat dafür keine Kapazität, keinen Blick mehr. Das heißt, der Fokus steht einseitig auf Mangel und verzerrt zunehmend die eigene Wahrnehmung.

Viele kollabieren letztendlich.

Diese Stress-Persönlichkeit ist überwiegend bei Frauen anzutreffen.

Die II. Stress-Persönlichkeit und ihre Ängste

Diese Ängste bzw. Schamgefühle können bei der II. Stress-Persönlichkeit vorhanden sein kann:

- Sie schämt sich aufgrund Ihrer Bedürftigkeit und Unerfülltheit.
- Sie fühlt sich leer. Und da sie nichts freiwillig erhält, hat sie das Gefühl, nichts verdient zu haben, da sie selbst schuld an ihrer Lage ist.
- Sie fühlt sich schwach hat, Sehnsüchte und verurteilt sich dafür.
- Sie schämt sich, überhaupt etwas zu benötigen.
- Sie denkt: Wenn ich meine Bedürfnisse äußere, werde ich zurückgewiesen und verlassen.
- Sie schämt sich für ihre Sehnsucht.
- Sie befürchtet, nicht alleine stehen zu können, dass sie eine zweite Person braucht, um zu überleben.
- Sie fürchtet sich davor, andere Menschen um Hilfe zu bitten.
- Sie glaubt, nicht verdient zu haben, Nahrung oder emotionale Nahrung von anderen Menschen zu erhalten

Die II. Stress-Persönlichkeit und ihr Weg zur Entspannung

Letztendlich geht es um den Prozess, eigene Bedürfnisse immer besser zu erkennen und diese auch artikulieren zu lernen. Das kann mitunter Basisarbeit bedeuten, nach dem Motto „Auf was hab ich jetzt Lust." Manchmal hilft das Erstellen von Listen, um sich selbst stetig besser auf die Schliche zu kommen: Was habe ich gerne, was weniger, was ist mir wichtig, was nicht so sehr.

Die Erkenntnis, dass im erwachsenen Alter nicht mehr die Mutter und generell auch nicht die Umwelt dafür verantwortlich ist, die eigenen Bedürfnisse zu erfüllen, ist unterschwellig vorhanden. Jedes Klammern an Menschen und Situationen schwächt die eigene Position und macht hilflos. Diese Hilflosigkeit erinnert an Zeiten, in denen man wirklich hilflos und bedürftig war.

Doch das Damals ist Vergangenheit. Heute sind wir erwachsen und können selbst handeln, besitzen Handlungsvollmacht. Wir sind in der Lage, Schritt für Schritt immer besser unsere Bedürfnisse zu erkennen, sie zu artikulieren und selbst zu erfüllen, wenn unser Gegenüber das nicht möchte. Auch wenn das manchmal etwas langsamer geht, als es uns lieb ist. Oft gehört auch die Einsicht dazu, dass es vollkommen in Ordnung ist, Bedürfnisse zu haben und andere Menschen um deren Erfüllung zu bitten. Genau wie das Zurechtkommen, wenn andere im Moment keine Lust haben, unsere Bedürfnisse zu erfüllen. Wir überleben trotzdem.

Um unsere Bedürfnisse wahrzunehmen, benötigen wir

unseren Körper. Er sagt uns unmissverständlich, wo und wann es ihm gut geht und wann nicht. Unser Körper ist unser Bedürfnis-Seismograph. Egal auf welcher Ebene. Unser Körper steht am besten auf seinen beiden Beinen, die Erde gibt ihm Halt und erinnert uns immer wieder daran, dass wir erwachsen sind. Es ist wohltuend, seinen eigenen Körper wahrzunehmen, in ihn hineinzuhorchen, und ihm das zu geben, was ihm jetzt guttut. Das gleiche gilt für die Beachtung der Signale des Körpers, wenn es ihm gerade zu viel wird.

Es ist auch vollkommen in Ordnung, wütend zu sein, diese Wut zu artikulieren und zu protestieren, wenn wir zu kurz kommen. Und auch die- oder denjenigen mit unserer Wut zu konfrontieren, der sie ausgelöst hat und/oder den sie betrifft. Erwachsene halten das aus. Wenn eine Verbindung keine Auseinandersetzung verträgt, dann ist es vielleicht eine Verbindung, die nicht aufrechterhalten werden muss. Das Leben geht weiter. Als Erwachsene überleben wir auch Trennungen, so schmerzhaft sie sein mögen. Das ist der Unterschied zwischen heutigen Erwachsenensein und unserer frühen Kindheit

Hier ein kleiner Ausflug in die Geschäftswelt: Eine wichtige Unterscheidung im Berufsleben besteht darin, dass ein Unternehmen nicht die eigene Familie ist. Dort herrschen andere Spielregeln. Die Formel für die Arbeitswelt lautet Leistung x Fähigkeiten x Zeit = Entlohnung. Dieses Mantra ist gut für den eigenen Hinterkopf, vor allem, wenn man bei sich die Tendenz bemerkt, sich auch im Unternehmen unersetzbar zu machen bzw. unersetzbar zu fühlen. Es geht „nur" um den Job, nicht um Liebe, Zuneigung, Anerkennung und auch nicht um das genährt werden.

Handlungsempfehlungen
für die II. Stress-Persönlichkeit

1. Bitte erinnern Sie sich immer wieder: Ihre Umwelt hat versagt – nicht Sie! Ihre Umwelt konnte nicht adäquat auf Ihre Bedürfnisse eingehen und sie erfüllen. Genau daraus hat sich Ihr aktuelles Dilemma entwickelt. Manchmal hat die Umwelt Ihre Bedürfnisse schlichtweg nicht erkannt. Das ist eine sehr wichtige Unterscheidung, die Sie sich nie oft genug sagen und sich daran erinnern können. Die Schuld für dafür liegt nicht bei Ihnen.

2. Früher haben Sie andere Menschen benötigt, damit Sie überleben konnten – Kinder ohne adäquate Versorgung können nicht überleben. Heute, als Erwachsener ist das etwas komplett anderes. Festhalten und Klammern an Dingen und Menschen gibt Ihnen nicht das, was Sie wirklich brauchen. Das ist kontraproduktiv, da dieser Zustand schwächt und die große Illusion nährt, dass eine andere Person Ihre Bedürfnisse erfüllt. Dafür sind Sie selbst zuständig, in allen Lebensbereichen. Nur Sie alleine!

3. Gehen Sie auf eine Erforschungsreise. Erfühlen Sie Ihre Bedürfnisse. Was schmeckt Ihnen, was tut Ihnen gut, was wärmt Sie, was macht Sie emotional stabiler? Entdecken Sie die vielen kleinen und großen Dinge, die Ihnen Spaß machen und mit denen Sie gut für sich selbst sorgen können. Achten Sie dabei darauf, dass Sie Ihren Fokus wirklich nur auf die Dinge legen, die Sie selbst in der Hand haben und auch steuern können. Das ist ein erwachsener Umgang mit Bedürfnissen, Ihren Bedürfnissen.

4. Intensive Gefühle sind normal, sie gehören zum Leben. Manchmal vergessen wir das, weil intensive Gefühle ganz schön anstrengend sein können, für Sie und für Ihre Umwelt. Dennoch sind die Gefühle auf der einen wie auf der anderen Seite vorhanden. Sie selbst haben es in der Hand, wie intensiv Sie Ihr Innerstes ausleuchten möchten. Sie tragen die Fähigkeit der Selbstregulation in sich und brauchen nur ein bisschen Übung, weil diese Fähigkeit etwas eingerostet ist.

5. Niemand auf der Welt kann Ihre Wünsche befriedigen, vor allem Ihre Umwelt nicht. Sie sind erwachsen und absolut in der Lage, sich Ihre Wünsche selbst zu erfüllen und auszudrücken. Vielleicht fehlt es nur ein bisschen an Übung, zu sagen „Ich will" oder „Ich brauche". Dieses Übungsfeld haben Sie jeden Tag quasi vor der Haustür. Sie müssen nur damit beginnen. Auch Ablehnung Ihrer Bedürfnisse ist normal. Bringt Sie nicht um, weil Sie selbst für sich sorgen können.

6. „Nein" sagen ist eine der normalsten Sachen der Welt. Leider verlernen wir das – dieser Prozess wird auch gerne als Erziehung bezeichnet. Aber das, was verlernt wurde, kann auch wieder erlernt werden. Vielleicht benutzen Sie meine „Ja-Fasten"-Übung aus dem Ersten-Hilfe-Koffer dafür. Besonders wenn es gegen meine Bedürfnisse geht, ist ein klares Nein erste Pflicht.

7. Beobachten Sie sich immer wieder. Stichwort: Achtsamkeit! Immer, wenn Sie in einer gebenden Rolle sind, sind Sie meistens nicht bei sich und Ihren Bedürfnissen, sondern in Ihren alten Mustern gefangen. Überprüfen Sie deshalb jedes Mal, wenn Sie sich in dieser Geberrolle entdecken, ob Sie das jetzt wirklich möchten oder ob Sie automatisch in diese Rolle geschlüpft sind. Sie können jederzeit abbrechen, nein sagen und etwas tun, was Ihnen tatsächlich guttut.

8. Eine weitere Entdeckungsreise führt zu Ihren Bedürfnissen und Ihrer ureigenen Fähigkeit, sich diese selbst zu erfüllen. Erforschen Sie Ihre eigene Substanz und entdecken Sie das Sich-selbst-nähren-Können an und in sich. Das macht ziemlich viel Spaß, auch wenn es zu Beginn ungewohnt erscheinen mag.

9. Ein weiterer Weg der Entspannung, gerade für die II. Stress-Persönlichkeit ist, zwischendurch den Kiefer etwas hängen und damit locker zu lassen. Hierzu gibt es wunderbare Körperübungen. Ich empfehle Ihnen aber, diese Übungen im stillen Kämmerchen durchzuführen, da sie auf die Umwelt manchmal etwas lächerlich wirken, obwohl sie so wohltuend sind.

Stress-Persönlichkeit III

Wie entsteht diese Stress-Persönlichkeit?

Die III. Stress-Persönlichkeit entwickelt sich zwischen dem 18. und 36. Lebensmonat des Kindes. In dieser Entwicklungsstufe geht es unter anderem darum, vertrauensvolle Verbindungen zu anderen Menschen aufzubauen. Außerdem geht es um die Erprobung der eigenen Unabhängigkeit und alle weiteren Themen, die in den Spannungsbogen zwischen Bindung, Verbindung und Unabhängigkeit passen.

Das Kind möchte seinen Selbstausdruck und seine gesunde Aggression gegenüber seinen Bezugspersonen erproben, also seine Grenzen testen. Um diese Grenzen testen zu können, braucht es eine verlässliche und sichere Bindung zu seinen Bezugspersonen, um an die eigenen Grenzen gehen zu können. Die eigenen Grenzen erweitern wir entweder, indem wir mit einem Fuß auf der sicheren Seite bleiben, und mit dem anderen Neuland betreten; oder mit beiden Füßen in Richtung Neuland marschieren, wohlwissend, dass wir jederzeit wieder zurück auf „die sichere Scholle" können. Das hat mit Vertrauen in sich und in seine Umwelt zu tun.

Die Entwicklung der III. Stress-Persönlichkeit kann dadurch begünstigt werden, dass das Kind in einer eher von Schrecken geprägten Umgebung aufgewachsen ist, bei der es vielleicht „nur" Zeuge war und selbst nichts tun konnte. Oder es kommt in eine Position, in der es von einem oder beiden Elternteilen als Partnerersatz gesehen und behandelt wird, als Vermittler zwischen den Elternteilen dient oder, um dem jeweils anderen Elternteil eins auszuwischen. Gleichfalls kann es sein, dass das Kind in einer Familie mit permanent gereizter Stimmung/ Umgebung aufwächst. Nach außen wird „heile Welt" gespielt, innen brodelt es beständig, was das Kind instinktiv sehr schnell mitbekommt.

Diese „heile Welt" kann auch darin bestehen, dass die Bezugspersonen so tun, als ob sie sich um das Kind kümmern und für es da sein würden – aber in Wahrheit sind sie viel zu sehr mit sich selbst beschäftigt und sehr oft narzisstisch veranlagt. Sie nutzen das Kind zur eigenen Befriedigung. Diese „Als ob"-Qualität wird sich später auch beim Kind bemerkbar machen.

Das Ego des Kindes wird durch seine Bezugspersonen künstlich aufgebaut, aufgebläht und lenkt es von dem ab, was es eigentlich seelisch aushalten muss. Es wird nicht nur betrogen, sondern für seinen Eigenbetrug durch die Bezugspersonen belohnt. Das Kind bekommt Hilfe von seinen Eltern, weiß aber gleichzeitig, dass es durch diese Hilfe manipuliert wird. Bei den Eltern und später auch bei der eigenen Stress-Persönlichkeit ist oft Narzissmus im Spiel. Im Unterschied zur II. Stress-Persönlichkeit baut das Kind eine falsche Persönlichkeit auf und wird dafür belohnt und darin unterstützt.

Sehr oft erlebt das Kind, dass seine Abhängigkeit durch seine Bezugspersonen gegen es verwendet wird und es wird gleichzeitig dafür belohnt, dass es sich selbst verleugnet und so ist, wie es sich seine Eltern vorstellen und sich wünschen. Dabei geht es auch um die negativen Botschaften, die das Kind vermittelt bekommen hat, Themen wie Reinlichkeit, Sexualität und sexuelle Berührungen sowie das Erleben und Ausdrücken von Wünschen und Bedürfnissen. Diese werden von der Umwelt negiert und lächerlich gemacht. Darüber entwickelt das Kind große Scham über die erlebte Abhängigkeit von den Meinungen und dem Willen der Bezugspersonen.

Das Thema Kontrolle und kontrolliert werden gehört so zu seinen ganz frühen Erfahrungen und es lernt, dass es darum geht, immer seinen Vorteil zu nutzen – koste es, was es wolle. Diese Gefühle von Kraft und Macht werden durch die Eltern verstärkt und priorisiert. Es geht immer wieder um den Wettbewerb, der belohnt und gefördert wird. Das Kind wird ermutigt, stets besser zu sein, als die anderen. Weitere Belohnungen erhält es, wenn es beständig mehr Verantwortung übernimmt, als es eigentlich altersadäquat tragen kann; oder wenn es den eigenen Vorteil zulasten seiner Umgebung überbetont. Das Kind wird zu schnell erwachsen, es muss seine Kindlichkeit verleugnen, um zu überleben.

Diese Kraft und Macht, die das Kind von seinen Eltern bekommt, kann es aber nur dann aufrechterhalten, wenn es das Drehbuch der Eltern vollständig ausfüllt und die Rolle spielt, die ihm vorgeschrieben wird. Das ist der unausgesprochene Vertrag zwischen dem Kind und seinen Bezugspersonen. Es lernt dadurch sehr schnell, den anderen immer um mindestens eine Nasenlänge voraus zu sein. Je mehr es in den Augen der Eltern gewinnt, desto mehr verliert es innerlich, weil es nicht sein Drehbuch ist und jeder Gewinn ein Stück mehr Selbstverleugnung bedeutet.

Eines Tages reagiert das Kind auf die Eltern mit dem Lebensmotto „Nie mehr, ich werde ab sofort derjenige sein, der kontrolliert und mächtig ist". Im Extremfall reifen aus dieser Entwicklung Psychopathen heran.

Die III. Stress-Persönlichkeit als Erwachsener

Die Menschen der III. Stress-Persönlichkeit haben im Oberkörper, vor allem im Brustkorb, sehr viel Energie. Dieser wirkt aufgeblasen und ist breit, während die Beine eher dünn sind und trotz hartem Training keine Kraft und Muskeln aufbauen. Die ganze Gestalt ist gedrungen und wird eher dicklich wahrgenommen. Trotz der gedrungenen Figur hat die III. Stress-Persönlichkeit einen sehr lockeren Nacken, als Ausdruck dessen, dass sie sich jederzeit umschauen kann – sie ist wachsam und berechnend.

Diese Menschen spüren ihren Ärger und nutzen ihn gleichfalls, um andere Menschen zu kontrollieren und zu manipulieren. Sie haben Probleme, ihr Herz und Ihre Gefühle zu spüren, weil der Ärger vieles übertönt, vor allem wenn es um die leisen Töne der eigenen Bedürftigkeit und Verletzlichkeit geht.

Die Augen sind oft sehr hell oder von den Lidern überschattet und haben einen leicht panischen Ausdruck, der auch immer den Eindruck von Wachsamkeit und Berechnung vermittelt.

Sie tendieren auf der körperlichen Ebene in erster Linie in Richtung Herz- und Rückenproblemen. Außerdem kann extreme Panik in ihnen hochsteigen, wenn die Situation für sie eng wird. In einem solchen Zustand ist die III. Stress-Persönlichkeit für psychosomatische Erkrankungen, aber auch für eine psychische Zuspitzung anfällig.

Diese psychische Zuspitzung, also aktuell keinen Ausweg zu sehen, kann durchaus selbstzerstörerische Tendenzen haben. Risikosportarten, Alkohol und Drogen, riskantes Autofahren usw. gehören zu den Versuchen, die eigene Panik in irgendeiner Form in den Griff zu bekommen.

Die III. Stress-Persönlichkeit und ihr Verhalten als Erwachsener

Die III. Stress-Persönlichkeit trägt narzisstische und grandiose Verhaltensmerkmale in sich, meist ein aufgeblasenes Ego, erscheint aalglatt und ist nicht greifbar. Sie fühlt und gibt sich sehr mächtig und sorgt instinktiv dafür, dass sich ihr Umfeld eher klein, schwach oder dumm fühlt. Sie ist ein schneller und instinktiver Denker, erfasst blitzschnell die Bedürfnisse und Schwachstellen des Gegenübers, gleichzeitig passen ihr Verhalten und ihre Gefühle nicht zueinander, was wiederum zu einer „Als ob"-Situation führt.

Sie wird dadurch oft als nicht real erlebt, ihr fehlt sprich-wörtlich die Bodenhaftung. Dadurch kann sie sich allerdings jeder beliebigen Situation blitzschnell anpassen, manche vergleichen sie mit einem Chamäleon. Sie verhält sich so, wie sie glaubt, dass ihre Umwelt sie gerne hätte, und passt sich an, ohne dabei die eigenen Ziele und Überlegenheit aus den Augen zu verlieren. Das schafft maximale Kontrolle, ein äußerst wichtiger Wert für die III. Stress-Persönlichkeit.

Sie tritt auch gerne in Wettbewerb zu anderen, will an erster Stelle stehen und wird getrieben von der Angst, zu versagen und von anderen Menschen abhängig zu sein. Um zu gewinnen, schreckt sie vor Drohungen, Wut, Ärger, Leugnungen und Lügen nicht zurück und versucht ihr Gegenüber einzuschüchtern und in der Öffentlichkeit zu blamieren. Das kann ziemlich bedrohlich wirken. Sie meint es dann auch so!

Auf der anderen Seite kann diese Stress-Persönlichkeit sehr charismatisch und schmeichlerisch sein, um zum eigenen Ziel zu kommen. Meistens spielt sie beide Klaviaturen her-vorragend. Sie ist auf jeden Fall dominant und man kann sie auch als „Ragaholic" bezeichnen: Menschen, die permanent in ihrer Wut und Ärger sind. Gleichzeitig spürt man eigentümlicherweise wenig Substanz, als ob da kein Kern, kein Zentrum bzw. kein Rückgrat wäre.

Viele Menschen, die mit der III. Stress-Persönlichkeit in Kontakt kommen, fühlen sich hinterher hereingelegt, weil sie in eine Lage manipuliert und manövriert wurden, in der sie die Verantwortung für etwas übernehmen mussten, die sie eigentlich nicht wollten. Die III. Stress-Persönlichkeit legt sich nicht gerne fest und wird unwirklich erlebt. Um dieses Gefühl der Unwirklichkeit bei anderen zu vermeiden, handelt sie superrealistisch und übertrieben logisch, sie erklärt ihre Erfahrungen schnell und glasklar. Gleichfalls hat man als Außenstehender auch das Gefühl, dass die gezeigten Emotionen oberflächlich und gespielt sind, als ob der Mensch starke Gefühle hätte.

Die III. Stress-Persönlichkeit hat wenig Angst. Deshalb wird sie versuchen, die anderen einzuschüchtern und Schuldgefühle zu provozieren. Sie wird sich verstärkt drehen und wenden und ihr ganzes Repertoire an Schmeicheleien, aber auch an Drohungen und Dominanz aufwenden, um andere dahin zu bekommen, wo sie sie haben will.

Ihre eigene Angst, sofern sie die manchmal spürt, macht ihr Stress. Sie vermeidet diese Angst durch Lüge, durch Ausweichen und Nichtfassbarkeit. Wenn diese Stress-Persönlichkeit mit etwas Unangenehmen konfrontiert wird, nutzt sie jede Möglichkeit, um abzuhauen oder den Spieß durch Wut, Ärger und Schwulstigkeit umzudrehen. Erst wenn gar nichts mehr geht, kommt Panik auf. Durch die Entwicklung von psychischer Stärke und durch eine Übertreibung von Aggression und Wettbewerb, versucht sie Anderen Schrecken einzujagen. Dieses Bedrohliche hält andere Menschen auf Distanz und reduziert dadurch den Stress, der aus dem Miteinander unter Umständen erwachsen könnte. Zu ihren Spielarten gehört auch der Versuch, bei anderen Vertrauen zu erwecken und dieses Vertrauen dann gegen diese Menschen auszuspielen. Dazu setzt diese Stress-Persönlichkeit neben ihrer Schmeichelei auch ihre Verführungskunst ein.

Die III. Stress-Persönlichkeit ist bei Männern stärker verbreitet als bei Frauen.

Die III. Stress-Persönlichkeit und ihre Ängste

Diese Ängste bzw. Schamgefühle können bei der III. Stress-Persönlichkeit vorhanden sein kann:

- Niemand darf entdecken, wie hilflos und schwach ich mich fühle.
- Niemand darf entdecken, wie machtlos ich bin.
- Die größte Angst ist die vor der Abhängigkeit von anderen Menschen.
- Die Angst davor, andere Menschen zu brauchen, die einem helfen.
- Die Angst vor Erfolglosigkeit und Fehlern, die zum Misserfolg führen.
- Die Angst davor, dass offensichtlich wird, wie benutzt und betrogen man selbst wurde.
- Die Angst davor, dass andere Menschen entdecken, wie verwundbar man doch ist.

Die III. Stress-Persönlichkeit und ihr Weg zur Entspannung

Der Weg zu mehr Entspannung lässt sich zum größten Teil mit denselben Mitteln und Methoden erreichen, die auch bei der I. Stress-Persönlichkeit beschrieben wurden. Es geht darum, wieder in Kontakt mit sich zu treten, auch wenn das bisher extrem vermieden wurde. Jedes Bemerken, wann man mit sich in Kontakt ist und wann nicht, bedeutet einen Schritt in Richtung Entspannung.

Es geht darum, wieder Vertrauen in die Verbindung mit anderen Menschen zu entwickeln, um aus diesem Vertrauen heraus gesunde Abhängigkeiten eingehen zu können. Ein weiterer Lernweg ist es, zu erkunden, was eine gesunde Aggression und Abgrenzung bedeutet und dass diese Gefühle nicht immer ausagiert werden müssen. Es geht um den Zugang zu den eigenen Gefühlen, der abgeschnitten wurde, um den Schmerz über den erlittenen Betrug nicht spüren zu müssen.

Wichtig ist zu erforschen, was einem guttut und was nicht:

- Was machte mich aus, bevor ich begonnen habe, mich meiner Umwelt zuliebe zu verleugnen?
- Wo genau in meinem Körper fühle ich es, wenn ich in mir und meiner Mitte bin?
- Was kann ich außer meinem Kopf noch einbinden, um wieder mehr ich selbst zu werden?

Das sind die typischen Fragen auf der Reise in die Entspannung. Sie wirken dem bisher gewählten Ausweichen in den Kopf entgegen. Das sanfte und langsame Zurückgehen in den Körper hat den Vorteil, dass es nach und nach und ständig intensiver verhindert, zu sehr in der Zukunft zu sein. Die III. Stress-Persönlichkeit versucht, ihre Umwelt mindestens zwei Nasenlängen im Voraus einzuschätzen. In dem Moment, in dem ich mich aber auf meinen Körper konzentriere, bleibe ich mehr bei mir und bin weniger in der Vorausschau.

Handlungsempfehlungen für die III. Stress-Persönlichkeit

1. Wenn Sie sich in dieser Stress-Persönlichkeit wiedergefunden haben, lautet meine Empfehlung: Eine nachhaltige Änderung in Richtung Entspannung (= Vertrauen) ist oft nicht ohne Hilfe von außen möglich. Sie benötigen eine liebevolle und behutsame Führung und Anleitung. Gerne empfehle ich Ihnen Kolleginnen und Kollegen aus meinem Netzwerk in Ihrer Nähe.

2. Es geht um ein langsames Herantasten an den Kontakt zu sich selbst und zu Ihrem Körper. Das hat eine wohltuende Wirkung, wenngleich in den ersten Momenten sicherlich Angst und Furcht die primären Emotionen sind. Oft ist die Angst vor etwas in der eigenen Vorstellung größer, als es dann tatsächlich ist.

3. Es geht darum, immer wieder in kleinen Dosen die eigene Machtlosigkeit zu spüren, ohne dass die kindliche Panik aus den Zeiten aufsteigt, als man tatsächlich machtlos war. Wir können nicht alles kontrollieren und wir sind nicht so mächtig, wie wir denken. Aber wir sind inzwischen erwachsen und können für uns selbst sorgen, ohne andere bedrohen, schikanieren und blamieren zu müssen. Niemand kann uns heute verletzen, wenn wir es nicht selbst zulassen.

4. Beim besseren Zugang zu sich und seinem Körper geht es auch um die Entwicklung von Mitgefühl mit sich selbst, seiner eigenen Historie und für die erlittenen Verletzungen und die eigene Machtlosigkeit in der Kindheit. Das war schlimm, unangenehm und erschreckend. Aber das ist Vergangenheit. Heute sind Sie erwachsen, damals konnten Sie sich nicht wehren. Heute können Sie es, wenn es sein muss.

5. Sie sind so normal, wie andere Menschen auch. Sie sind weder großartiger noch kleiner als alle anderen Menschen. Sie sind ein normaler Mensch. Und in dieser Normalität liegt bereits ein großer Schuss Entspannung. Weil Sie nichts mehr aufrechterhalten, weil Sie nicht ständig auf der Hut sein müssen und weil Normalität sich absolut angenehm anfühlt. Und in dieser Normalität liegt auch die tiefe Sehnsucht, einfach loszulassen und zu entspannen. Es muss nichts unter Kontrolle gehalten werden und die Umwelt ist keine Bedrohung mehr. Das alles gehört der Vergangenheit an.

6. Sie sind erwachsen und können sich wehren, wenn es sein muss. Auf Basis dieser Hypothese können Sie in kleinen Schritten immer mehr Vertrauen in sich und andere entwickeln, damit auch vertrauensvolle, erwachsene Verbindungen entstehen können. Dadurch lernen Sie gleichzeitig den Unterschied zwischen Vertrauen und Abhängigkeit neu kennen. Stärke, Kontrolle und Macht auszuüben, kostet sehr viel Kraft und Anstrengung. Energie, die Sie besser einsetzen können, wenn Sie immer mehr Vertrauen in sich und andere Menschen bekommen.

7. Das Dilemma Ihrer Vergangenheit ist, dass Sie von Ihren eigenen Bezugspersonen benutzt und betrogen wurden. Ihre Gefühle diesen Menschen gegenüber sind in Ordnung und dürfen vorhanden sein, egal in welche Richtung diese gehen. Diese Gefühle dürfen auch gleichzeitig da sein. Denn die Vergangenheit ist Ihre Vergangenheit und Ihre Gegenwart ist heute Ihre erwachsene Gegenwart. Liebe und Hass sind große Gefühle, die beide gleichzeitig da sein können und dürfen. Es ist wichtig, beide Impulse zu spüren, ohne heute die erlernten alten Verhaltensmuster wieder anwenden zu müssen.

Stress-Persönlichkeit IV

Wie entsteht diese Stress-Persönlichkeit?

Die IV. Stress-Persönlichkeit entwickelt sich zwischen dem 2. und 4. Lebensjahr, in einem Zeitraum, in dem das Kind seine Liebesfähigkeit, seine Sexualität, seine Leidenschaft und seinen Selbstausdruck entdeckt, sowie die ersten vitalen Schritte unternimmt, sich immer wieder gegen seine Umwelt abzugrenzen und in die eigene Autonomie zu gehen. Es ist die Zeit, in der es sein Verlangen aber auch seine Furcht davor entdeckt, Grenzen zu setzen, die eigene Unabhängigkeit auszudrücken und nein zu sagen. Furcht deswegen, weil bei allen Autonomiebemühungen immer auch der Bindungsaspekt und die Angst vor dem Verlassenwerden und Alleinsein mitschwingt.

Das Kind wurde in seinem Versuch, seine Autonomie zu entdecken und zu leben von den Eltern immer wieder darin gehemmt, indem diese Autonomiebestrebungen entweder lächerlich gemacht oder mit Missbilligung gestraft wurden. Das Kind lebte dadurch in Angst vor Demütigung und Beschämung. Oft fand diese Erziehung auch unter Einbeziehung von Schuldgefühlen beim Kind statt. Der Kreislauf, der durch diese Hemmung stattfindet, führt zunächst zu Frustration, dann zu Ärger, der aber nicht ausgelebt werden darf (das Kind darf auf seine Eltern nicht wütend/ärgerlich sein, weil das in der kindlichen Logik Bindungsverlust bedeutet), sondern nach innen agiert wird; während sich das Kind nach außen immer mehr dem anpasst, was die Eltern von ihm erwarten.

Es kann auch sein, dass die Mutter oder der Vater übermäßig drängend oder kontrollierend war Auf jeden Fall wird beim Eintreten in diese Selbstbehauptungsphase dem Kind viel untersagt und es wird in seinem Selbstausdruck stark eingeschränkt. Will es die Liebe der Eltern erhalten, ist es in seiner Logik und erlebten Realität notwendig, es ihnen Recht zu machen. Durch dieses Vorgehen wird die Liebe mit Pflicht und Verantwortung verknüpft. Die Eltern wissen ebenfalls oft „was gut für ihr Kind ist" und erziehen ihr Kind dahingehend. Dadurch wird der Wille des Kindes zuerst negiert und mit der Zeit gebrochen oder zumindest sehr behindert. Das Kind kann dadurch wenig eigene Kriterien und Regeln entwickeln, nach denen es selbst gerne leben möchte, der Außenbezug wird hier immer stärker sein. Ab und zu wird auch die Religion dazu benutzt, das Kind zu kontrollieren: „Gott sieht alles" oder die Eltern missbrauchen die Schuldgefühle des Kind zu ihrem Zwecke:

- „Wenn du zu autonom wirst oder bist, werde ich nicht mehr da sein, wenn du zurückkommmst"
- „Wie kannst Du mir das antun"
- „Das hast Du jetzt davon, wenn Du Deinen Willen immer durchsetzen musst ..."

Das Kind reagiert auf das Drängen, Kontrollieren und Fordern der Eltern zuerst mit Protest und Ärger, dann mit Dagegenhalten („Trotzphase"). Es merkt aber sehr schnell, dass es mit diesem Verhalten nicht erfolgreich sein kann, weil es die Machtverhältnisse nicht zulassen. Es verinnerlicht seinen Ärger und sein Dagegenhalten spielt sich auf einer anderen, auf einer tieferen und meist unbewussten Ebene ab, während das Kind an der Oberfläche die Forderungen akzeptiert, um in der Familie überleben zu können.

Daraus entwickelt sich eine „Ja-aber-Haltung" – einer oberflächlich angenehmen Art nach außen, die „ja" sagt und einem tieferen inneren Groll, der „nein" sagt und dagegenhält. Die IV. Stress-Persönlichkeit lässt sich mit einem Dampfkochtopf vergleichen. Von unten gibt es reichlich Feuer und oben muss mit aller Macht ein Deckel drauf gehalten werden, sonst würde alles unkontrolliert platzen, was meistens jahrelang angesammelt wurde.

Weiterhin kann es auch sein, dass das Kind viel zu lange mit seiner Mutter alleine war und diese als drängendes, bedrängendes Wesen erlebt hat. Gleichzeitig hat ihm die Rückendeckung des eigenen Vaters – des abwesenden Vaters – gefehlt. Die einzige Form, sich vor der Mutter, ihrem Drängen und der Beschämung durch sie zu schützen war, nichts zu geben. Weder Gefühle noch Worte. Oft ist das der Beginn des männlichen „lonesome riders".

Die IV. Stress-Persönlichkeit als Erwachsener

Die Menschen mit der IV. Stress-Persönlichkeit haben vermehrt eine dicke, schwere und überentwickelte Muskulatur, sind eher massig. Sie tragen schwer an der Last, die sie sich selbst auf die Schultern gelegt haben und legen. Das Gesicht zeigt gerne einen Ausdruck von Naivität und Unschuld. Wenn es entspannt ist, hat es oft den Ausdruck „Wer, ich?".

Es besteht eine Tendenz zum Stiernacken; es geht um das Durchhalten, egal, wie viel draufgepackt wird. Gleichzeitig hält dieser Nacken auch die Gefühle zurück, weil er auf einer sehr körperlichen Ebene die Grenze nach oben, zum stimmlichen Ausdruck des Menschen, ist.

Der stark gepanzerte Brustkorb hält wie der Bauch- und Beckenbereich die Energie fest und zurück. Zurückhaltung ist eines der Lebensthemen, nur nicht unbedacht hergeben, es könnte sich jemand lustig darüber machen oder mich beschämen. Das starke Genick und das eigene Gesäß bilden nach oben und unten die körperlichen Grenzen, in denen die Energie zusammengepresst gehalten wird. Dadurch ist kein Energieabfluss nach oben zum Mund oder nach unten zur Tat möglich, weshalb die Beine sehr oft verspannt oder verkrampft sind.

Unter Stress verzerrt sich das Gesicht, es wirkt dann verkniffen und verzogen. Die Augen haben oft dunkle Ringe.

Die IV. Stress-Persönlichkeit und ihr Verhalten als Erwachsener

Die IV. Stress-Persönlichkeit ist ein idealer Schwiegersohn oder eine ideale Schwiegertochter. Ein guter Junge, ein gutes Mädchen. Nach außen hin sehr nett, sehr liebenswert, sehr angepasst und immer hilfsbereit. Sie haben Angst, andere zu enttäuschen, sind flexibel und geben vor, alles auszuhalten und dies auch noch gerne zu tun. Hinzu kommt die unbewusste Strategie, anderen Menschen zu gefallen; meistens durch Anpassung an deren Wünsche.

Während diese Stress-Persönlichkeit nach außen nett, liebenswürdig und problemlos erscheint, ist sie im Innern voll von Wut und Ärger. Oft wird diese Wut nicht bewusst wahrgenommen, sie äußert sich dann in Ironie, Sarkasmus, Zynismus und den vielen unterschwelligen Methoden, Distanz aufzubauen, sich abzugrenzen und Dampf abzulassen. Aber meistens beherrschen sich diese Menschen, stimmen dem Gegenüber zu und rebellieren im Stillen auf eine andere Art und Weise. Sie haben große Probleme, offen Widerstand zu zeigen oder sich selbst zu behaupten und scheuen das Risiko eines klaren „Neins".

Diese Menschen sind stets „am Tun und Arbeiten" und leben gerne das Prinzip „mehr desselben" aus. Tun und Arbeiten dienen der Selbstregulation und dazu, sich Lob und Anerkennung zu verschaffen, auch wenn sie nicht gerne gelobt werden oder für ihre Leistungen im Rampenlicht stehen. Wenn im eigenen Heim nichts mehr erledigt werden kann, dann gibt es viele Freunde, Nachbarn und entfernte Bekannte, denen unbedingt geholfen werden muss. Oder die Energie fließt in die Vereinsarbeit oder in den eigenen Hobbykeller. Mit dem Tun unmittelbar verbunden ist die Enttäuschung, dass die Leistung nicht genügend honoriert und wertgeschätzt wird. Damit steckt sie im Kreislauf proaktives Tun, Angst vor Enttäuschung, mehr proaktives Tun drin. Menschen dieser Stress-Persönlichkeit beladen sich gerne mit Aufgaben und sprechen gerne darüber. Sie sind stolz darauf, dass sie die viele Arbeit aushalten und gut wegstecken können.

Oft ist mit dem unermüdlichen Tun gleichzeitig der Ärger über sich selbst verbunden, weil die Stress-Persönlichkeit ganz tief im Inneren merkt, dass sie das, was sie gerade und die ganze Zeit tut, im Grunde nicht will. Deshalb kann sie sich auch nicht richtig darüber freuen, wenn etwas gut geklappt hat. Ihr Ausdruck von Freude ist genauso limitiert wie das grundsätzlich nach außen gezeigte Gefühlsleben. Da erlebte Gefühle stets auch etwas mit innerer Expansion zu tun haben, vermeidet solche Stress-Persönlichkeit diese tunlichst – es könnten damit auch unangenehme Themen hochkommen.

Die IV. Stress-Persönlichkeit liebt ihre Freiheit, sie hat Angst davor, durch zu große Nähe erdrückt und eingeengt zu werden. Um zu große Nähe und Zärtlichkeit zu vermeiden, schürt sie gerne Misstrauen und Streit. Sie reagiert allergisch auf Druck durch andere Menschen, insbesondere auf Druck von Frauen.

Sie versucht, sich anzustrengen und ihre Ziele vor allem über ihren Willen zu erreichen. Der hat sich in der Konfrontation gegenüber Autoritäten entwickelt. Und diese Konfrontation gegen Autoritäten begleitet die unerlöste IV. Stress-Persönlichkeit ihr gesamtes Leben. Die damit einhergehenden

Probleme in der Unterordnung machen sie zu einem typischen Selbstständigen.

In Paar-Beziehungen beziehen sie oft nicht eindeutig Stellung, reden lieber drumherum, als ein klares Wort zu sagen und ihre Karten auf den Tisch zu legen. Der Partner weiß also nie genau, woran er ist. Aus diesem Grund fällt es der IV. Stress-Persönlichkeit schwer, Entscheidungen zu treffen. Nur nicht festnageln lassen, ist die Devise. Wird es in einer Diskussion mal zu heftig, verschmelzen sie mit der Wand, verschwinden oder gehen in eine Art Schockstarre, um nicht entscheiden zu müssen. Dazu passt, dass sie lieber leise und versteckt agieren, weil sie nicht gerne sichtbar sind und im Rampenlicht stehen. Sie könnte schließlich attackiert und beschämt werden, wenn sie zu sichtbar ist.

Die IV. Stress-Persönlichkeit enttäuscht andere nicht gerne. Sie versucht, das mit allen Mitteln zu vermeiden, was ihr allerdings oft nicht gelingt. Eine der Strategien zur Vermeidung von Enttäuschung ist die, sehr strategisch und planerisch vorzugehen und den anderen zu beeinflussen und gleichfalls alles vorherzusehen, statt dem anderen zu verdeutlichen, was wirklich Sache ist. Solche Stress-Persönlichkeiten können sich nicht entscheiden, wie es ihnen geht, wenn sie danach gefragt werden und relativieren ein „Gut" im nächsten Satz wieder.

Sie fühlen sich zu Menschen hingezogen, die verletzt sind, geben sich die Schuld für diese Verletzung und sind wieder am Tun für diese Menschen, um sie zu retten. Sie kämpfen gerne für andere, sind dabei ohne Angst und sehr tapfer. Sie sind sehr oft politisch engagiert und mit „dem System" am Hadern, das sie fertigmacht. Oder sie beklagen sich über ihre Umwelt; Schuld haben immer die anderen, das sind die Bösen. Gleichzeitig jammern sie gerne und verbergen dadurch den tiefen Groll und ihre nicht nach außen gezeigten Aggressionen. Durch Jammern, Streitsucht und Misstrauen, aber auch durch provokatives Verhalten, versuchen sie gleichzeitig vom Gegenüber Reaktionen zu bekommen.

Die IV. Stress-Persönlichkeit arbeitet fast ausschließlich über ihren stark entwickelten Willen und macht sich beständig selbst Druck, um noch bessere Leistungen zu erbringen. Es sind die typischen Problemlöser. Sie strengen sich furchtbar an und ihre Frage lautet sehr oft „Was wird von mir erwartet". Da sie Autonomie nie richtig gelernt hat, hat diese Stress-Persönlichkeit die Tendenz, ihren Willen mit ihrer Autonomie zu verwechseln.

Diese Stress-Persönlichkeit nimmt das Wort „Ärger" nicht in den Mund und wird sich, darauf angesprochen, auch von jeglicher Aggression und jeglichem Ärger distanzieren, denkt aber, dass alle anderen versuchen, ihr etwas überzustülpen, sie zu überzeugen usw. Der unterschwellige Zorn, den das Gegenüber oft spürt, wird von der Stress-Persönlichkeit höchstens auf intellektueller Ebene thematisiert.

Sie will niemanden zurückweisen oder „nein" sagen und genau das macht ihr letztendlich Probleme. Sie wird ihr Gegenüber durch ihre passive Aggression in eine Position drängen, damit dieses die Grenzen setzt – der Böse ist somit stets der andere. Da sie selbst keine validen Grenzen zeigen und aufsetzen kann, weiß ihr Gegenüber nie, wo sie steht, weil alles an der netten, freundlichen Oberfläche abperlt: Alles läuft im Geheimen und indirekt ab.

Während die III. Stress-Persönlichkeit andere aktiv angeht, macht die IV. Stress-Persönlichkeit ihre Umwelt passiv fertig, weil sie es nicht gelernt hat, sich aktiv abzugrenzen und „nein" zu sagen. Der Druck, den sie sich selbst aus Vermeidung und Angst vor Enttarnung macht, tritt nach außen.

Diese Stress-Persönlichkeit zeigt sich überwiegend bei Männern.

Die IV. Stresspersönlichkeit und ihre Ängste

Diese Ängste bzw. Schamgefühlte können bei der IV. Stress-Persönlichkeit vorhanden sein:

- Dass der Ärger, die Aggression und die Wut entdeckt werden.
- Angst, dass seine Sehnsucht, andere zu enttäuschen, entdeckt wird.
- Sie fühlt sich schuldig für ihren Willen, ihren Trotz und ihre Sturheit.
- Sie hat Angst und empfindet Scham, wenn sie „nein" sagt.
- Die größte Angst besteht darin, entdeckt zu werden, wie man wirklich ist. Deshalb zeigt sich diese Stress-Persönlichkeit nicht.
- Die Scham verstärkt sich bei jedem Ausdruck der eigenen Unabhängigkeit.

Die IV. Stress-Persönlichkeit und ihr Weg zur Entspannung

Letztendlich geht es darum, immer wieder neu zu entdecken, was man wirklich will. Wie lauten die eigenen Lebens-Kriterien, was lehnt man ab, was möchte man. Was ist für einen persönlich richtig und wahr und was nicht. Alleine das kann spannender als eine Reise zum Mond sein, und ist gleichsam eine Reise in ein unbekanntes Land. Es geht darum, zu entdecken, was man gerne freiwillig täte. Ohne Druck von außen, ohne Bedrängung.

Ein zweiter Teil dieser Reise ist die Entdeckung, dass der reine Wille alleine nichts bringt, dass der eigene Wille nicht mit Autonomie verwechselt werden darf. Die in der Jugend vermisste Rückendeckung vom Vater, muss man sich im erwachsenen Alter selbst geben. Die eigenen Eltern haben die Verletzlichkeit, Emotionalität und Lebendigkeit des Kindes nicht ausgehalten, die Stress-Persönlichkeit hat keine Schuld an diesem Unvermögen.

Es geht nicht darum, viel, richtig und schnell etwas zu tun, sondern um die Entdeckung, was man selbst tun möchte, was einem Spaß bereitet. Es geht um die Entdeckung des „Ich will", auch wenn man dadurch sichtbarer und angreifbarer wird und sich nicht mehr so verstecken kann. Gleichzeitig geht es um die Loyalität zu sich selbst statt zu anderen. Sich selbst treu zu sein, setzt voraus, dass man weiß, was man selbst möchte.

Der Weg zur Entspannung führt an den Punkt, an dem man wirkungsvolle Grenzen setzen kann. „Nein" sagen ohne sich dabei schuldig zu fühlen, ent-stresst ungemein und manchmal hilft es auch, eine „Ja-Fasten-Kur" anzutreten, um sich, sein eigenes Nein und die Reaktionen des Gegenübers darauf zu studieren. Durch dieses Nein wird die eigene Fähigkeit zur Selbstbehauptung, die bisher eher limitiert war, erhöht und dadurch Angst und Stress immer mehr minimiert.

Manchmal verwechselt diese Stress-Persönlichkeit Gehorsam mit Disziplin. Da sie sehr fleißig ist und in ihrer Jugend gehorsam war, hat sie für sich noch nicht erkannt, dass als Erwachsener die Disziplin im Vordergrund steht. In Bezug auf das „fleißig sein" kann es auch darum gehen, kleinere Schritte zu machen, nicht mehr vorwärts zu stürmen, sondern neugierig darauf zu achten, wie das eigene, das ureigene Tempo sein könnte.

Es geht darum, das eigene Tun immer wieder zu überprüfen. Warum mache ich das, warum denke ich das und was will ich wirklich? Da bei dieser Stress-Persönlichkeit oft der Gedanke und die Tat auf derselben Stufe stehen, ist dieses Vorgehen und Hinterfragen am Anfang nicht einfach.

Damit kommen wir zu den vielen inneren Kritikern dieser Stress-Persönlichkeit. Sie reagieren gewöhnlich auf die Reaktion der Reaktion. Sie verurteilen sich gleichermaßen wenn sie ins Gefühl gehen oder wenn sie nicht ins Gefühl kommen. Manchmal muss diese Stress-Persönlichkeit auch lernen, dass zwei Gefühle zur selben Zeit vorhanden sein können und sich nicht ausschließen. Intimität kann mit Autonomie zur selben Zeit vorhanden sein: Es gibt nicht nur ein entweder – oder.

Handlungsempfehlungen
für die IV. Stress-Persönlichkeit

1. Auch wenn permanentes Tun und sich anstrengen mit viel Kraft und Wille in der Vergangenheit Erfolge gebracht haben, geht es zuerst stets um Wahrnehmung, um in die Entspannung zu kommen, nicht um das Kämpfen oder Tun! Achten Sie bewusst darauf, welchen Dingen Sie Aufmerksamkeit schenken und welchen nicht. Denken Sie daran, es geht nur ums Wahrnehmen und nicht ums Kämpfen.

2. Die bisherige Lebens-Gleichung „Je mehr ich tue, umso besser wird es", funktioniert in keinem Lebensbereich nachhaltig und langfristig, weil das Leben keine Excel-Zelle ist und nichts wirklich mit hundertprozentiger Sicherheit vorhersagbar und vorherbestimmbar, selbst wenn man sich noch so anstrengt.

3. Für den eigenen Weg in die Entspannung gibt es ein schönes Mantra: „Es gibt absolut nichts zu tun." Versuchen Sie es mal, immer wieder ein bisschen. Vor allem dann, wenn Sie bei sich bemerken, dass Sie gerade wieder in Richtung Leistungsfalle unterwegs sind. Wenn Sie das merken, halten Sie kurz inne und sagen Sie sich Ihr Mantra auf – es gibt gerade absolut nichts zu tun! Beobachten Sie dabei, was sich verändert.

4. Vielleicht war es in Ihrer Kindheit so, dass Sie nur dann Anerkennung bekommen haben, wenn Sie etwas geleistet, wenn Sie Performance gebracht haben. Das hat Ihnen zwar oft in verschiedenen Lebenssituationen

geholfen. Die Wahrheit aber ist: Ich muss nicht leisten, damit ich gemocht werde. Weil richtige Anerkennung und Zuneigung nichts mit Leistung und Performance zu tun hat – weder im Beruf und schon gar nicht im Privatleben. Vielleicht überprüfen Sie gerade in diesem Punkt Ihre Umgebung und führen eine Liste über Punkte, wo Sie denken, nur durch Leistung das zu bekommen, wonach Sie suchen.

5. Weil es immer Menschen in Ihrer Umgebung gab, die alles besser wussten, hatten Sie kaum eine Chance, eigene Kriterien für sich und Ihr Leben zu definieren. Doch das ist Vergangenheit. Jetzt sind Sie an der Reihe. Ihre eigenen Kriterien zu entdecken und zu leben, steht ab heute im Vordergrund. Überlegen Sie sich jeden Tag neu, was Sie gerne hätten und was nicht. Achten Sie auf das, worauf Sie Lust verspüren. Zu diesen Kriterien gehören auch Werte, Ihre Werte. Hier hilft eine Liste, um zu sortieren, welche Werte die Ihrer Umgebung sind und welche Werte wirklich zu Ihnen gehören.

6. Zu den eigenen Kriterien und Werten gehören die eigenen Grenzen. „Nein", sagen und abgrenzen lernen ist die Herausforderung. Das im Glossar beschriebene „Ja-Fasten" kann ein probater Weg zu richtiger Autonomie sein. Erwachsene können offen Widerstand gegen etwas zeigen, dass sie nicht möchten. Als Kind war das schwierig, aber als Erwachsener ist das absolut erlaubt und legitim.

7. Achten Sie darauf, wenn sich etwas in Ihnen anspannt, wenn Sie beginnen, gegen etwas oder jemanden zu

kämpfen, ob offen oder verdeckt. Und prüfen Sie, ob dieser Kampf wirklich nur deshalb stattfindet, weil es um Ihre Grenze, Ihre Kriterien und Werte geht, oder ob Sie gerade ein bisschen den Kontakt zu sich verloren haben und momentan in Ihrem alten Muster gefangen sind.

8. Den Druck, den Sie spüren, ist genau der Druck, den Sie sich selbst machen – es ist nicht der Druck Ihrer Umwelt. In der Vergangenheit haben Sie Druck von außen bekommen und irgendwann haben Sie begonnen, sich den Druck selbst zu machen, sie sind proaktiv geworden. Sie müssen nicht so schnell sein, Sie müssen nicht alles richtig und allen recht machen. Das war in der Vergangenheit, die Gegenwart sieht anders aus.

9. Ihre Gedanken sind nicht gleichbedeutend mit der Tat. Gedanken dürfen im Kopf sein, ohne gleich in die Tat umgesetzt zu werden. Vielleicht lassen Sie Ihre Gedanken beim nächsten Mal ein paar Minuten länger im Gehirn, bevor Sie an die Tat gehen. Achten Sie darauf, was sich dadurch ändert.

10. Ihre inneren Kritiker gehören nicht zu Ihnen. Es sind Sätze und Ansagen, mit denen Sie irgendwann Ihre Umwelt bedacht hat und irgendwann haben Sie diese Sätze verinnerlicht, um sie nicht immer von außen gesagt zu bekommen. Es lohnt sich nicht, gegen Ihre inneren Kritiker anzukämpfen. Nehmen Sie sie immer weniger ernst und beobachten Sie sie nur noch. Beachten Sie, was sich ändert.

11. Und zu guter Letzt: Bleiben Sie achtsam, beobachten Sie sich selbst und achten Sie auf Ihre Grenzen. Der wirkungsvollste Grenzschutz ist ein klares „Nein", egal wie es Ihrem Gegenüber damit geht. Es geht um Ihre Grenzen, Ihr Wohlsein und Ihre Gesundheit.

Stress-Persönlichkeit V

Wie entsteht diese Stress-Persönlichkeit?

Die V. Stress-Persönlichkeit entsteht durch Ablehnung und/ oder Zurückweisung der gezeigten Zuneigung und Liebe durch die Eltern und/oder naher Angehöriger. Dies geschieht entweder zwischen dem 4. und 7. Lebensjahr oder in der Pubertät. Durch die wiederholt erlebte Zurückweisung bekommt das Kind Probleme damit, sein Herz zu öffnen und verwechselt irgendwann Zuneigung mit Leistung oder verknüpft dies miteinander. Oftmals sind es die Gedanken, dass es nur dann Liebe und Zuneigung gibt, wenn die Leistung stimmt, vor allem, wenn es eine überragende Leistung ist.

Es geht letztlich um das Thema lieben und geliebt werden und die Angst vor der Wiederholung der Verletzung, die schon früh im Leben geschehen ist.

Innerhalb der Familie kann eine sehr rigide Haltung vorherrschen. Obwohl gegenseitige Achtung und Liebe vorhanden ist, werden weder diese, noch Zärtlichkeiten und Emotionen groß ausgedrückt. Dies kann unter anderem

98

bei Eltern passieren, die durch ihre eigenen Kriegs- oder Nachkriegserfahrungen traumatisiert wurden und ihrerseits ihre Gefühle abgespalten haben. Da man nie nur eine Gefühlskategorie abspalten kann, wurde beim Versuch, das negative Erleben fernzuhalten auch das positive Erleben ausgeschlossen. Zudem kann es sein, dass das Thema Emotionen generell ein „heißes Eisen" in der Familie ist und man eher über ein funktionales Zusammensein und Miteinander versucht, diese gefährlichen Klippen zu umschiffen. Das Kind wächst in einer fast emotionsfreien Familie auf, bemerkt diese aber in sich und wird dadurch verstört. Oder es übernimmt die familiäre Grundhaltung, dass gezeigte Emotionen (außer Freude und Fröhlichkeit) Zeichen von absoluter Schwäche sind.

Oft hat das Kind sein Herz und seine Liebe dem gegengeschlechtlichen Elternteil gegeben. Das wurde von diesem entweder übersehen, zurückgewiesen oder mit dem Ärger des gleichgeschlechtlichen Elternteils beantwortet. Zuerst kam folglich die Verletzung über die Zurückweisung, dann die Wut.

Die V. Stress-Persönlichkeit als Erwachsener

Die V. Stress-Persönlichkeit hat eine betont gerade Haltung, vor allem im Rückenbereich. Der Kopf sitzt meistens aufgerichtet und kerzengerade auf dem Hals und die Beine erscheinen nicht beweglich, eher steif. Ein insgesamt sehr stolzer Habitus.

Man hat spontan den Eindruck eines Mensch, der den Kopf weit oben trägt. Dort oben sitzt auch die meiste Spannung sowie in der langen Rückenmuskulatur und im Nacken. Gleichzeitig wirken diese Menschen oft athletisch, sind attraktiv und haben viele andere Menschen um sich. Sie stehen gerne im Mittelpunkt und haben hohe narzisstische Anteile in sich. Außerdem besitzen sie sehr viel Lebensenergie, wirken aber gepanzert und zurückhaltend. Ihren hohen Energieanteil werden sie durch Aktivität und Handeln los.

Es kann auch sein, dass die linke Schulter etwas mehr vorsteht, als ihr rechtes Pendant, ganz so, als müsste diese Stress-Persönlichkeit damit ihr Herz schützen. Das Becken ist dagegen oft unbeweglich und zurückgezogen und neigt zu Krämpfen in den Becken- und Gesäßmuskeln.

Diese Stress-Persönlichkeit ist sehr anfällig für Anspannungen und Verspannungen in Ihrem Körper, die durch Massagen stets nur kurzfristig gelindert werden.

**Die V. Stress-Persönlichkeit
und ihr Verhalten als Erwachsener**

Die V. Stress-Persönlichkeit versucht in allen Bereichen ihres Lebens perfekt zu sein, ohne Kanten und fehlerfrei. Sie ist attraktiv und athletisch, vieles an ihr basiert auf Auftreten und Image. Nach außen ist sie perfekt. Die Fehlertoleranz liegt bei 0,0 und alles ist naht- und makellos. Dazu benötigt Sie ein hohes Maß an Selbstkontrolle, sie hat ihr Auftreten und Image perfektioniert. Dieser Perfektionismus wurde aufgrund der wiederholten frühen Zurückweisungen entwickelt. Die erwachsene Selbstakzeptanz hängt stark vom eigenen Aussehen und der eigenen Leistung ab.

Antreiber dieser Stress-Persönlichkeit sind die narzisstische Wunde und das Bedürfnis, so gesehen zu werden, wie man eigentlich wirklich ist, anstatt für das perfekte Bild nach außen, das man mühsam aufgebaut hat. Die narzisstische Wunde entspricht der erfahrenen und schmerzlichen Zurückweisung seiner gezeigten Liebe durch nahe Angehörige und der Glaubenssatz, der daraus entsteht „Nicht mehr wieder – ich werde immer perfekt und makellos sein". Daraus entwickelt diese Stress-Persönlichkeit eine hohe Eigenreferenz und achtet mehr auf sich als auf andere.

Sie weiß, was sie will, kann problemlos „nein" sagen, Grenzen setzen und hat keinerlei schlechtes Gewissen dabei. Diese Stress-Persönlichkeit hat auch einen guten Zugang zu ihren eigenen Aggressionen und Wut, was die Umwelt manchmal mehr zu spüren bekommt, als ihr lieb ist. Sie polarisiert auch extrem gerne und wirkt selbst sehr polarisierend. Hinzu kommen eine gewisse Selbstgerechtigkeit und ein Hang zur Selbstverurteilung; vor allem dann, wenn die eigenen Standards nicht eingehalten werden, was sowohl für sie als auch für ihre Umwelt sehr schnell passieren kann.

Und von denen hat diese Stress-Persönlichkeit genug. Sie setzt für sich und andere fast unerfüllbar hohe Standards und geht gerne in Weiterbildungs- und Selbsterfahrungsseminare, um sich zu perfektionieren. Ist das Ziel erreicht, macht sich sehr schnell Enttäuschung breit, und die bittere Erkenntnis, dass das Ziel wohl noch nicht ehrgeizig und hoch genug gewesen ist. Ergebnis: Das Ziel wird höher gesetzt. Diese Rigidität mit sich und der Umwelt kann sich vermehrt in Zwängen und in schnellen, harten Urteilen über andere Menschen ausdrücken.

Und je härter die Einschläge von außen kommen, je enger es wird, desto gerader und stolzer wird die Haltung sein. Nie wird sie anderen erlauben, hinter die Fassade blicken zu dürfen. Diese Stress-Persönlichkeit wird mit wehenden Fahnen untergehen oder gewinnen.

Dazwischen gibt es nichts: Kopf einziehen? Ich doch nicht!

Ein Thema der V. Stress-Persönlichkeit ist ihr „gebrochenes Herz" bzw. die Zurückweisung ihrer Liebe durch ein Elternteil oder beide Eltern als kleines Kind. Deshalb tut sie sich mit ihren nach außen gezeigten und auch selbst wahrgenommenen Gefühlen schwer und orientiert sich eher am Tun, am Handeln, am Erbringen von Leistung. Sie setzt ihre Sexualität und den Sport(-Wettkampf) als primären Weg ein, um in Kontakt mit dem eigenen Körper zu kommen. Der eigene Körper wird dabei aber eher als ein Objekt wahrgenommen, das es zu optimieren gilt und der perfekt zu funktionieren hat. Dadurch kann sie sehr hart zu sich selbst und zu anderen sein. Sie wird von anderen nicht als herzlich wahrgenommen, obwohl es viele Menschen aufgrund ihrer Attraktivität zu ihr hinzieht.

In engen Beziehungen lässt die V. Stress-Persönlichkeit schwer Verletzlichkeit zu, sie hält den anderen lieber auf Abstand und die Beziehungen sind immer an Bedingungen geknüpft. Es ist, als ob das Herz nur in einer Art Kuhhandel weggegeben wird; wenn du mich liebst, liebe ich dich auch. Deshalb wird sie immer Probleme damit haben,

enge Freundschaften und Partnerschaften länger aufrechtzuerhalten. In Beziehungen ist es meistens sie, die den Partner
verlässt oder zurückweist, bevor er es tun könnte und sie
damit verletzt. Sie ist sich ihrer Gefühle durchaus bewusst,
kann und will sie aber nicht ausdrücken, weil sie dadurch
verletzbar würde. Sie hat Angst vor Hingabe und ist generell
zurückhaltend beim Ausdruck von Emotionen, was einer
Partnerschaft im Allgemeinen nicht zuträglich ist.

Durch ihren guten Zugang zu ihrem Ärger und ihrer
Wut wird sie beides einsetzen, um sich Raum und Luft zu
verschaffen, wenn es ihr zu eng wird. Je intensiver sie dabei
in ihren Ärger und ihre Wut geht, umso mehr nimmt sie ihre
leisen und verbindenden Gefühle nicht mehr wahr, verstärkt
dadurch ihre Panzerung und zieht gleichzeitig eine Art
Stacheldrahtzaun um ihr Herz. Dadurch fühlt sie nichts mehr.

Diese Stress-Persönlichkeit findet sich sowohl bei Frauen als
auch bei Männern.

Die V. Stress-Persönlichkeit und ihre Ängste

Diese Ängste bzw. Schamgefühle können bei der V. Stress-
Persönlichkeit vorhanden sein kann:

- Niemand darf entdecken, dass ich mich verletzt und
  zurückgewiesen fühle.
- Niemand darf meinen ungeliebten und unliebbaren
  Anteil sehen.

- Niemand darf sehen, wie hässlich ich bin und welche Makel ich habe.
- Niemand darf sehen, wie unperfekt und voller Fehler ich bin.
- Niemand darf entdecken, dass ich nicht schön und gut genug bin.
- Niemand darf sehen, dass ich grundsätzlich beschädigt bin.

Die V. Stress-Persönlichkeit und ihr Weg zur Entspannung

Es geht letztlich um die Kapazität, mit einem offenen Herzen eine liebevolle Beziehung mit einer vitalen Sexualität zu erleben. Das bedeutet, dass heute im erwachsenen Alter eine Zurückweisung von außen nicht mehr als lebensbedrohend erlebt wird und dass das eigene Weltbild dadurch nicht ins Wanken gerät. Es geht um eine liebevolle Selbstannahme des eigenen Körpers und die Toleranz von körperlichem Makel.

Dazu gehört die Anerkennung, dass die Welt weder perfekt noch vollkommen durchplanbar ist. Das Leben ist keine Excel-Zelle. Und das Leben ist auch – in unserer heutigen Zeit – kein ewiger Wettkampf um knappe Ressourcen, wenigstens in unserer westlichen Welt nicht mehr. Es geht nicht darum, mit allen Menschen in einen Wettbewerb und in einen Kampf einzusteigen.

Es gibt nicht nur Schwarz und Weiß, sondern jede Menge Grautöne, die ganz spannend in ihrer Entdeckung sind.

Manchmal können auch die Gegensätze gleichzeitig vorhanden sein. es muss nicht alles binär sein, selbst wenn sich gelebte Gegensätze manchmal etwas schwerer aushalten lassen, als der binäre Modus.

Handlungsempfehlungen für die V. Stress-Persönlichkeit

1. Das Leben besteht nicht aus Schwarz und Weiß, sondern hat unendlich viele Grautöne, die es lohnt zu entdecken. Vielleicht achten Sie mit dieser Hypothese das nächste Mal auf den Sachverhalt, der Ihnen zu schaffen macht. Sie müssen sich nicht dagegen oder dafür entscheiden, es gibt stets weitere Möglichkeiten.

2. Versuchen Sie Schritt für Schritt, Ihren Körper als etwas Lebendiges und Liebenswertes zu entdecken. Er ist kein Objekt, das man zu Höchstleistungen treiben oder zu etwas umgestalten muss. Ihr Körper gehört zu Ihnen, so wie er ist, genau so ist er liebenswert. Nichts in der Natur ist perfekt und trotzdem ist alles in der Natur perfekt, ohne dass etwas überbetont wird. Die Natur muss keine Leistung erbringen, um geliebt und anerkannt zu werden. Wir Menschen auch nicht. Wir sind einfach so liebenswert.

3. Lieben bedeutet, sein Herz geöffnet zu haben. In jeder Liebe steckt auch stets ein Stück Enttäuschung. Manchmal hält eine Liebe nicht für immer, sondern nur für eine gewisse Zeit. Aber auch danach geht das

Leben weiter. Auch das gehört zum Leben. Außerdem ist es absolut normal, dass man in seinem Leben verletzt wird. Das passiert jedem Menschen im Laufe seines Lebens oft mehrfach. Durch jede Verletzung lernen wir wieder etwas über uns selbst und über die anderen. Als erwachsene Menschen können wir es uns auch leisten, mit offenem Herzen verletzt zu werden, weil das Leben danach weitergeht. Ich muss nichts zurückhalten. Ich kann geben, ohne Angst zu haben, dass mir etwas genommen wird.

4. Liebe basiert weder auf Aussehen noch auf Perfektion und Leistung. Das könnte eine Verwechslung aus Ihrer Jugend sein, in der Sie auf die Anerkennung und Zuneigung Ihrer Eltern angewiesen waren, um Ihr Selbstbewusstsein gut und stabil entwickeln zu können. Das ist Vergangenheit. Für erwachsene Menschen basiert Liebe weder auf Aussehen noch auf Perfektion und Leistung.

5. Sie sind, wie Sie sind. Nicht besser und nicht schlechter, sondern genauso, wie Sie gerade sind. Was macht das mit Ihnen, wenn Sie diesen Satz immer wieder wiederholen? Still für sich und manchmal laut vor dem Spiegel: „Ich bin so, wie ich bin!"

6. Die universelle Regel des Lebens lautet: Zu einem Moment der Anspannung gehört auch ein Moment der Entspannung! Beides sollte einen ausgewogenen und vernünftigen Wechsel haben, damit sich Ihr Körper in einem guten Gleichgewicht befindet. Wie sind gerade Ihre Momente der Anspannung und Entspannung in

Ihrem Leben verteilt? Welcher Aspekt kommt zu kurz und was müsste passieren, dass dem nicht mehr so ist? Vielleicht hilft Ihnen in diesem Punkt eine Liste der Momente weiter, in denen Sie entweder besonders angespannt oder besonders entspannt sind – als kleine Gedankenstützen und auch, um sich selbst ein bisschen besser auf die Schliche zu kommen.

7. Ihre inneren Kritiker gehören nicht zu Ihnen. Es sind Sätze und Ansagen, mit denen Sie irgendwann Ihre Umwelt bedacht hat und irgendwann haben Sie diese Sätze verinnerlicht, um sie nicht immer von außen gesagt zu bekommen. Es lohnt sich nicht, gegen Ihre inneren Kritiker anzukämpfen. Nehmen Sie sie immer weniger ernst und beobachten Sie sie nur noch. Achten Sie darauf, was sich dadurch ändert.

Genereller Umgang mit Stressoren

Der generelle Umgang mit Stressoren ist im Grunde banal. Wir sind mit dem, was uns ausmacht gar nicht so weit von den Primaten entfernt. Wenn ich die unterschiedlichen Reaktionszeiten unseres Gehirns zum Beispiel mit dem des limbischen Systems vergleiche, versuchen wir mit einer sehr langsamen Einheit eine wesentlich schnellere Einheit zu kontrollieren. Ganz schön blöd.

Dazu kommt, dass nur etwa 10 Prozent unserer Nervenverbindungen vom Gehirn in Richtung Körper gehen, aber 90 Prozent den umgekehrten Weg nehmen. Die meisten von uns versuchen dennoch mit zunehmender Ausdauer, mit diesen 10 Prozent einen stressfreien Alltag herzustellen. Das geht in den wenigsten Fällen gut. Gerade was Stress angeht, ist unser Hirn die langsamste Methode, um uns zu beruhigen und zu regulieren. Und dennoch wird der Neokortex für die Regulierung und Beruhigung gebraucht. Stress-Management, so wie ich es verstehe, bezieht deshalb am Besten alle drei Teile ein – Ihr limbisches System, Ihr Stammhirn und Ihr Gehirn.

Wir sind in Bezug auf Stress, in weit älteren Reiz-Reaktionsmustern beheimatet, als uns das in unserer hochtechnologischen Welt manchmal lieb ist.

Was hilft also nachhaltig?

Neben dem Erkennen der eigenen Stress-Persönlichkeit helfen Regelmäßigkeit, Struktur und Sicherheit, um entspannt zu bleiben. Es sind im Grunde genommen die ganz banalen Dinge, die wir alle kennen, die uns nachhaltig helfen und die wir zu oft außer Acht lassen.

Das kommt daher, dass wir aufgrund unserer Reiz-Reaktions-Schemen älter und langsamer sind, als wir uns im Normalfall eingestehen möchten. Wir haben noch Neandertaler-Gene, wir reagieren immer noch mit „Draufhauen, Wegrennen oder Erstarren" auf die verschiedenen Arten von Bedrohung. Und Stress beziehungsweise unsere Überlastung ist eine Bedrohung, eine Bedrohung unseres Lebens-Rhythmus.

Unser Gehirn spielt uns dabei sprichwörtlich etwas vor, was unsere Füße nicht halten können. Sobald wir unsere Füße nicht mehr auf dem Boden haben, besitzen wir wenig Haftung, um uns zu stabilisieren. Deshalb baut mein Stress-Management anhand der 5 Stress-Persönlichkeiten auf einem Mix von kognitiver Selbsterkenntnis und Erklärungsansätzen mit sehr körpernahen Übungen auf. Wir brauchen unseren Körper zur Selbstberuhigung und zum Ent-Stressen.

Neben der Regelmäßigkeit, die uns Lebens-Leitplanken vermittelt, gehört auch Sport zu den beruhigenden Faktoren. Ein sportlicher und gesunder Körper kommt mit Belastung besser zurecht, als ein unsportlicher und kränklicher Körper. Körperliche Fitness erhöht Ihre Resilienz. Ganz einfach. Darüber muss nicht diskutiert werden. Doch viele versuchen, dem Arbeits- oder Beziehungsstress mit Sport-Stress zu entgehen. Das richtige Maß ist auch hier der entscheidende Faktor.

Ich erinnere mich – wenn ich die Gnade des frühen Fliegers habe – im Sommer gerne an die Radrennfahrer, die im Pulk gegen 05:30 Uhr durch meine Ortschaft strampeln. Das ist für mich Sport-Stress.

Wie sähe denn eine gesunde Form von Sport aus? Wie kann ich zwei bis drei Mal 30 Minuten Sport in der Woche in meinen Alltag integrieren? Was macht mir Spaß, zu welchem Sport muss ich mich nicht zwingen? Das sind gute Fragen zum Thema Sport. Er muss sich vom Aufwand her nahtlos und mühelos integrieren lassen.

Achtsamkeit: Der Klassiker und mittlerweile ja schon fast wieder inflationär vertreten, ist das langsamer werden, ein bisschen mehr die Streichinstrumente des Körpers hervortreten lassen und die Pauken und Trompeten des Gehirns in die verdiente Pause schicken. Sie sollten mehr auf sich hören und darauf vertrauen lernen. Und wenn Sie die Uhr stellen und sich wenigstens einmal pro Stunde fragen, wie es Ihnen denn gerade geht. Einfach so. Seien Sie gespannt auf die Antwort, die aus Ihrem Inneren kommt. Dazu gehört auch die Frage, wie viel von dem, was Sie leisten, besitzen und konsumieren, denn wirklich sein muss, ob das nicht eher in die Richtung Bewältigungsstrategie geht. Wie ist Ihr Rhythmus? Was brauchen Sie zum Leben, wenn Sie auf nichts Rücksicht nehmen müssten?

Ernährung: Die tägliche Ernährung ist ein guter Punkt zum Thema Stressmanagement. Keine Angst, Sie lesen jetzt keinen Exkurs über Ernährung und die Vorzüge eines veganen Lebens. Auch hier geht es mir darum, wie gut Sie mit sich und Ihrem Körper umgehen. Welche Nahrungsmittel bekommen Ihnen? Was bekommt Ihnen nicht? Wann sind Ihre bevorzugten Essenszeiten? Wie gut vertragen Sie Nahrung nach 18 Uhr? Einfache Fragen die oft nicht leicht zu beantworten und die Vorsätze in Bezug auf Ernährung meist schwer durchzuhalten sind, zum Beispiel trotz Heißhungers um 21 Uhr auf einen Snack zu verzichten. Schließlich weiß man genau, dass er den Schlaf stört und den nächsten Tag vermiest. Durch Achtsamkeit in der Ernährung erreichen Sie zudem das für Sie passende Gewicht. Auch Über- oder Untergewicht stresst Ihr Körpersystem.

Ver-Bindungen: Wir Menschen sind soziale Wesen. Wir brauchen Kontakt und Austausch mit anderen Lebewesen. Wichtig ist vor allem eine Beziehung, ob zu Menschen oder Tieren. Wie viele wirklich gute Freunde haben Sie? Wie nah dürfen diese Ihnen sein? Wie nah sind Sie ihnen? Oder überlassen Sie es Ihrem Partner, das Privatleben zu organisieren, weil Sie zu tun haben? Machen Sie eine Bestandsaufnahme Ihres sozialen Umfelds unter dem Gesichtspunkt, dass dieses Ihnen beim Ent-Stressen sehr hilfreich sein kann.

Ressourcen: Was hat mir in der Vergangenheit geholfen? Was hat mich durch die Zeit getragen und auf was kann ich mich auf jeden Fall verlassen. Ich bin sicher, da gibt es eine ganze Menge. Zu meinem Verständnis von Ressourcen gehört auch das Wissen, woher ich im Notfall Hilfe bekomme, wer mir Mut macht, wer mich unterstützt. Das müssen nicht nur Menschen sein, das können auch besondere Plätze, ein Musikstück usw. sein.

Eine Ressource kann auch die Zeit in Ihrem Leben sein, in der es Ihnen rundherum gut ging, ohne Wenn und Aber.

Energiebilanz: Woher bekomme ich meine Energie, wohin und an wen gebe ich sie ab? Nehmen Sie zwei Blatt DIN A4 und malen Sie das auf. Das kann sehr erhellend wirken und vor allem den Energiefressern Ihres Lebens auf die Spur kommen. Wo verbrate ich zusätzlich Energie? Wo bekomme ich zu wenig Energie, wo stimmt der Wechsel von Geben und Nehmen nicht? Auch die Unterdrückung von Stress bedeutet Energieaufwand. Wir haben nur eine begrenzte Menge an Energie zur Verfügung.

Und ein bisschen Freiraum brauchen wir, damit wir noch Kapazität für eine Veränderung haben.

5-Punkte-Plan

Wenn Sie sich gestresst fühlen, hilft Ihnen vielleicht dieser 5-Punkte-Plan der Selbsterkenntnis weiter, die Stressoren noch genauer zu fassen. Gehen Sie durch die 5 Bereiche und schreiben Sie auf, wie Sie mit Stress in den einzelnen Bereichen umgehen bzw. wie Sie den Stress in diesen Punkten wahrnehmen.

1. **Privatleben**: Soziales Umfeld mit Familie, Freunden, Hobbys und Interessen
2. **Gesundheit**: Ernährung, Bewegung/Sport, regelmäßige Auszeiten

3. **Kommunikation**: Eigene Bedürfnisse erkennen und formulieren, Nein sagen können, internale und externale Konfliktbearbeitung
4. **Unternehmen**: Arbeits-Bedingungen, Strategie, Strukturen, Abläufe
5. **Zeitmanagement**: Priorisierung, Fokussierung

Für die Zustandsbeschreibung: Legen Sie vor allem den Fokus immer auf das, was Sie selbst beeinflussen können, wenn Sie bei einzelnen Punkten bemerken, dass Sie dazu tendieren, auf „die da" zu schimpfen oder immer wieder einen Fingerzeig auf andere zu machen. Es geht um Sie und das, was Sie selbst ändern können. Auch mit dem bekannten Dreisatz „Change it, love it or leave it".

Sie können in den meisten Fällen Ihre Umwelt und die anderen Menschen nicht ändern, so sehr Sie es auch versuchen, sondern nur sich selbst. Was Sie selbst verändern können, das gibt Ihnen Handlungsmacht. Dort, wo Sie Handlungsmacht besitzen, sind Sie nicht hilflos, sondern stark und erwachsen.

Suchen Sie sich also Felder, in denen Sie Handlungsmacht haben. Wenn Sie sich zurzeit nicht sicher sind, wo diese sind, holen Sie sich externe Hilfe zum Sortieren. Dafür gibt es Spezialisten; Menschen wie mich. Wenn Ihr Auto nicht mehr so läuft, wie es soll, geben Sie es ja auch in eine Werkstatt mit Menschen, die das, was sie tun, gelernt haben!

Erster-Hilfe-Koffer

Wenn sich Stress von unten im Körper aufbaut – so meine Hypothese – dann sollten wir darauf achten, dass die Stress-Symptome wieder nach unten abgebaut werden. Das geht durch Achtsamkeit und körperliches Gewahrsein. Aber nur dann, wenn wir unseren Körper dabei zur Hilfe nehmen.

Stress beschäftigt sich vor allem mit Geschehenem (Vergangenheit) oder Zukünftigem (Zukunft) und in den seltensten Fällen mit der Gegenwart. In dem Moment, in dem wir ganz bewusst in stressigen Lebens-Momenten unseren Körper dazu holen, verorten wir uns in der Gegenwart. Der beobachtbare Effekt: Der bislang gefühlte Stress nimmt ab.

Da es mir sehr darauf ankommt, dass Sie alle Übungen auch im normalen Alltag – wo meistens Stress entsteht – anwenden können, habe ich vor allem auf die Alltagstauglichkeit geachtet. Alle hier zusammengefassten Übungen können Sie jederzeit im Gespräch, im Fahrstuhl, am Rednerpult usw. anwenden.

1. Achtsamkeit

Achtsamkeit bedeutet letztendlich, seine Antennen vermehrt nach innen zu richten und zu achten, wo im Körper gerade welche Empfindung, welche Anspannung und – ganz wichtig – welche Entspannung ist: Körpersensationen also als Indikator für meinen aktuellen Zustand.

Achtsamkeit bedeutet, dies nur wahrzunehmen, ohne es zu bewerten. Vielleicht im Sinne „Oh, ich hab gerade einen trockenen Hals", wie es ein Forscher tun würde. In einer Bewertung der Situation würde schon wieder Anspannung/Verspannung stecken, deshalb ist es wichtig, diese nicht wertende Neugier zu haben.

Wichtig, beobachten Sie sich auch, wenn Sie genau mit dieser nicht wertenden und neugierigen Achtsamkeit durch die Welt laufen. Vielleicht verändert sich etwas.

Sie werden es mal einfacher und mal schwerer mit Ihrer Achtsamkeit haben. Das liegt in der Natur der Sache. Wir machen hier keinen Wettbewerb in Achtsamkeitsübungen. Einfach nur wahrnehmen – es gibt nichts weiter zu tun.

2. Es geht nicht um Ihr Überleben

In den wenigsten Fällen geht es um das nackte Überleben. Niemand verstößt Sie aus der Gemeinschaft, wenn etwas nicht klappt oder Fehler passieren. Es kommen vielleicht im Moment nur Dinge, Emotionen und Gefühle hoch, die Sie beunruhigen.

Sie verlieren nicht Ihren Job und erleiden meistens auch sonst keinen bleibenden Verlust. Achten Sie in für Sie stressigen

Momenten genau auf Ihre körperlichen Signale, darauf, welche Veränderung diese Wahrnehmung für Ihre Nervosität mit sich bringt. Es geht nicht um Ihr Überleben. Denken Sie nicht weiter darüber nach, nehmen Sie die Empfindungen nur wahr. Beobachten Sie Ihre Gedanken, ohne sie zu werten oder lange zu verfolgen. So nach dem Motto „Ach, da ist ja schon wieder Gedanke xy …"

3. Spüren Sie Ihre Füße auf dem Boden

Das hört sich trivial an, ist es aber meistens dann nicht, wenn Sie ausgesprochen gestresst sind. Meistens kommt die Nervosität daher, dass Sie mit Ihren Gedanken entweder in der Vergangenheit (negative Erinnerungen) oder in der Zukunft (negative Erwartungen) sind, nur nicht in der Gegenwart. Manchmal nimmt man auch seine negativen Erinnerungen aus der Vergangenheit, um sie in die Zukunft zu projizieren.

Richten Sie in einem solchen Moment Ihre ganze Aufmerksamkeit auf Ihre Füße, spüren Sie Ihren guten Stand auf dem Boden und, vielleicht wackeln Sie einfach mal mit den großen Zehen. Sieht niemand. Aber es verstärkt den guten Stand und damit Ihre Bodenhaftung.

4. Geben Sie sich ein bisschen Halt

Oft geht in solchen Momenten neben dem guten Stand auch der eigene Halt verloren. Vielleicht stecken Sie beim Laufen eine Hand in die Hosentasche und berühren sich mit leichtem Druck auf dem Oberschenkel. Oder Sie verschränken Ihre Arme und geben so einen leichten Druck an sich selbst weiter. Auf diese Weise spürt Ihr Körper, dass er gehalten wird. Das entspannt ungemein und verleiht Sicherheit.

5. Einfacher Body-Scan mit Beruhigungseffekt

Beim einfachen Body-Scan gehen Sie am besten dahin, wo Sie gerade niemand sehen kann. Ganz wichtig: Setzen Sie sich gerade und dennoch bequem hin und nehmen Sie Kontakt mit dem Boden unter Ihren Füßen auf. Manchmal hilft es auch, vor der Übung ein einige Male tief durchzuatmen. Gehen Sie dann den Body-Scan durch und verbleiben Sie in jeder Position so lange, wie es Ihnen gefällt und gut tut.

- Hände in den Nacken und auf das Schädeldach
- Hände auf Luft- und Speiseröhre
- Hände auf das Herz
- Hände auf den Bauch

Spüren Sie in jeder der vier Positionen nach und gehen Sie in der Position 4 im Geist/Körper nochmals alle anderen Positionen durch, spüren Sie nach und kommen dann zur Position 4 zurück.

6. Geben Sie Ihrem Herzen eine Chance

Vor allem das Herz schlägt in stressigen Situationen gerne etwas schneller. Das kann manchmal als etwas unangenehm wahrgenommen werden. Es ist aber gleichzeitig auch ein Zeichen von Vitalität und Lebendigkeit – „Hurra, ich lebe!" Egal, aus welcher Richtung Sie es jetzt betrachten – vielleicht sollten Sie Ihrem Herzen ein bisschen mehr Halt und ein Quäntchen mehr Wahrnehmung schenken.

Legen Sie eine Hand so natürlich und so ruhig wie möglich auf Ihre Herzgegend und richten Sie etwa fünfundzwanzig Prozent der Wahrnehmung auf Ihre Herzgegend („Ja, Herz, du bist aufgeregt"). Das verhilft meistens zu einer ersten Beruhigung. Vielleicht hilft es Ihnen auch, wenn Sie sich auf die Lebendigkeit, die so ein vitaler Herzschlag mit sich bringt, konzentrieren.

7. Bewegung hilft

Stress macht angespannt und eng. Alles zieht sich zusammen, vor allem der Oberkörper, insbesondere die Halsmuskulatur und der Nacken. Ergebnis: Das fühlt sich definitiv nicht gut an und Sie haben gleichzeitig zu wenig Luft, damit Ihre Stimme gut zur Geltung kommen kann. Was hilft? Ganz einfach: Dort, wo es eng und starr wird, fehlt die entsprechende Beweglichkeit. Bewegen Sie also ein wenig Ihre Hand-, Ellbogen- und Schultergelenke, so als ob Sie sich leicht strecken wollten. Bewegen Sie sich natürlich und ohne Hektik, also mit all der Ruhe, die Sie dazu brauchen.

Spüren Sie anschließend kurz nach, ob die Bewegung bereits ausreichend war. Wenn nicht – wiederholen. Je langsamer Sie die Bewegung ausführen, desto wirksamer ist sie und umso natürlicher sieht sie aus.

8. Immer gut durchatmen

Wir brauchen Luft zum Reden und Leben. Die Luft muss zuvor in die Lunge. Bei starker Nervosität und Anspannung funktioniert das vielleicht nicht so gut. Konzentrieren Sie sich deshalb ein wenig auf Ihren Atem. Versuchen Sie ganz normal und einigermaßen tief zu atmen. Aber werden Sie dabei nicht zu schnell und zu tief mit dem Atem, das würde Ihre Nervosität und Anspannung erhöhen. Und wenn der Atem partout nicht so will, nehmen Sie ihn erst mal nicht so wichtig und bewegen Sie langsam Ihren Oberkörper nach links, rechts, vorne und hinten. Das lockert und hilft.

9. Nehmen Sie sich nicht so ernst

Was nicht bedeutet, dass Sie sich nicht als Mensch ernst nehmen sollten. Aber, wie eingangs geschrieben, Es geht meistens nicht um Ihr Überleben als Mensch. Und da hilft dann Distanzierung vom gerade Erlebten. Zum Beispiel, wenn Sie sich vorstellen, dass Sie sich in dieser Situation von außen betrachten. Wie ein Fremder, der die Situation zufällig im Vorbeigehen entdeckt hat und sich sozusagen mit Forschergeist an Sie heranpirscht: „Aha, da hat jemand

Stress. Mal kucken, was das mit dem anstellt. Au, der ist aber aufgeregt; oder besonders cool. Ah ja, das ...". Und so weiter. Das schafft den notwendigen Abstand und nimmt der Sache den manchmal übermäßigen Ernst. In dem Moment, in dem wir uns ein bisschen weniger ernst nehmen, sind wir uns auch weniger peinlich. Und wo weniger Peinlichkeit und Scham vorhanden sind, trauen wir uns auch, wieder mehr zu entspannen.

10. Gähnen Sie mal wieder

Wenn wir Stress haben, verspannen wir uns gerne. Nicht nur Schultern und Nacken, auch unsere Kinnmuskulatur hat hier einiges zu tun und vor allem zu halten. Kennen Sie das – einen angespannten Kiefer? Das Gegenmittel? Gähnen! Gähnen entspannt Gaumen, Rachen und den oberen Nacken. Genau diese Körperregionen brauchen diese Entspannung. Danach redet es sich wesentlich einfacher und Sie kommen im wahrsten Sinne wieder in Fluss, weil die Spannung im Kiefer nachlässt und die Hirn- und Rückenmarksflüssigkeit wieder ohne Barriere von oben nach unten fließen kann. Gleichzeitig steigert Gähnen und die darauf einsetzende Entspannung die Produktion von Serotonin im Hirn, das für gute Laune und Entspannung sorgt. Erst bei Ihnen, dann beim Gegenüber. Gute Laune ist nun mal ansteckend.

11. Entspannen Sie Ihre Augen

Wenn es stressig wird, leisten unsere Augen Schwerstarbeit und sind schnell überanstrengt. Kommt etwas Unbekanntes hinzu, sind sie bald überfordert. Das macht sich durch einen müden Blick, nervöses Zwinkern und Sehstörungen bemerkbar. Gönnen Sie sich in solchen Momenten eine kleine Augen-Entspannungskur. Die können Sie stets dann wiederholen, wenn Sie kurz Zeit dazu haben. So als vorbeugende Maßnahme.

Am besten dort, wo Sie gerade niemand sieht, wobei die Augen-Entspannungskur sowohl mit offenen als auch mit geschlossenen Augen durchgeführt werden kann. Die Entspannung beruht darin, dass Sie langsam Ihre Augen in einer äußeren Position in beide Richtungen bewegen. Das mag in den ersten Augenblicken anstrengen, aber Ihre Augen entspannen sich schnell, was sich wohltuend auf Ihr gesamtes Gesicht auswirkt. Aber bewegen Sie die Augen nicht öfter als dreimal in jede Richtung.

12. Ganz allgemein

Symptome von Stress zeigen sich zuerst im Körper. Es gibt ein paar Dinge, auf die Sie besonders achten sollten:

- Wo wird es im Körper enger?
- Welche Körperteile reagieren stärker, welche weniger stark?
- Was ist mit meiner Atmung?

Beobachten Sie Ihren Körper in diesen drei Punkten genau und geben Sie ihm dort Unterstützung, wo er sie gerade braucht. Zum Beispiel durch Handauflegen, durch eine generelle Verlangsamung und/oder durch Bewegung. Nehmen Sie sich dazu etwas Zeit. Das lockert.

13. Wenn der Magen grummelt

Spüren Sie vor allem zuerst einmal Ihre Füße und Zehen auf dem Boden: Grounding ist die erste Maßnahme und so etwas wie eine Grundposition.

Legen Sie dann eine Ihrer Hände auf die Magengegend, üben Sie leichten aber spürbaren Druck gegen Ihren Bauchraum aus und schauen Sie, was passiert. Wenn Sie keine Veränderung spüren – gönnen Sie sich noch ein paar Minuten in dieser Position.

Eine weitere Möglichkeit ist die Beinwippe, um den kompletten unteren Bereich, zu dem auch der Magen gehört, zu lockern und in Bewegung zu bringen. Wippen Sie dabei mit Ihren Beinen ganz leicht und nur 30 Sekunden nach außen und innen. Legen Sie dann eine Pause ein und spüren Sie nach.

Vielen ist nicht bewusst, wie viel in diesen Körperregionen an Spannung gehalten wird.

Kleine Warnung: Sollten Sie eine Missbrauchs-Erfahrung in Ihrem Leben gemacht haben, dann verzichten Sie bitte auf die Beinwippe.

14. Wenn das Zwerchfell wackelt

Spüren Sie vor allem zuerst einmal Ihre Füße und Zehen auf dem Boden: Grounding ist die erste Maßnahme und so etwas wie eine Grundposition.

Legen Sie eine Hand auf Ihr Zwerchfell, üben Sie leichten aber spürbaren Druck gegen Ihr Zwerchfell aus und schauen Sie, was passiert. Wenn Sie keine Veränderung spüren – gönnen Sie sich noch ein paar Minuten in dieser Position.

Und – wenn Sie noch ein bisschen mehr machen wollen: Beziehen Sie Ihre Arme und den Oberkörper ein, indem Sie ihn bewegen. Das schaffen Sie zum Beispiel beim Oberkörper dadurch, dass Sie Ihre Arme leicht bewegen, am besten an den Gelenken (Handgelenk, Ellbogen, Schultergelenk), so wie wenn Sie sich ganz leicht strecken und bewegen. Seien Sie vorsichtig und langsam, machen Sie dabei lieber eine Pause zu viel, als eine Pause zu wenig.

15. Wenn Herz/Lunge rasen

Spüren Sie vor allem zuerst einmal Ihre Füße und Zehen auf dem Boden: Grounding ist die erste Maßnahme und so etwas wie eine Grundposition.

Legen Sie dann eine Hand auf Ihr Herz/Ihre Lunge, üben Sie leichten aber spürbaren Druck gegen Ihr Herz und/oder Lunge aus und schauen Sie, was passiert. Wenn Sie keine Veränderung spüren – gönnen Sie sich noch ein paar Minuten in dieser Position. Und – wenn Sie noch ein bisschen mehr machen wollen: Beziehen Sie Ihre Arme und den Oberkörper ein, indem Sie ihn bewegen. Das schaffen Sie zum Beispiel beim Oberkörper dadurch, dass Sie Ihre Arme leicht bewegen, am besten an den Gelenken (Handgelenk, Ellbogen, Schultergelenk), so wie wenn Sie sich ganz leicht strecken und bewegen. Seien Sie vorsichtig und langsam, machen Sie dabei lieber eine Pause zu viel, als eine Pause zu wenig.

16. Wenn im oberen Bereich alles eng wird

Spüren Sie vor allem zuerst einmal Ihre Füße und Zehen auf dem Boden: Grounding ist die erste Maßnahme und so etwas wie eine Grundposition.

Führen Sie dann in genau dieser Reihenfolge die Bewegungen durch. Bei dieser Übung empfiehlt es sich, alleine zu sein.

- Drehen Sie Ihren Kopf langsam nach links und rechts.
- Rollen Sie mit Ihren Augen im Kreis, so maximal nach außen wie es geht
- Lockern Sie Ihr Kinn
- Produzieren Sie Töne, z. B. indem Sie einen Ton wie ein Nebelhorn „Wu" produzieren.
- Provozieren Sie das Schlucken.
- Schneiden Sie Grimassen.

Mit dieser kleinen Übung haben Sie alle Muskeln im oberen Bereich bewegt und gelockert. Wo etwas gelockert wird, ist es weniger angespannt.

Wenn sich bei Ihnen der Ort der größten Anspannung/Enge im Hals/Kehlkopf befindet, dann bewegen Sie entweder Ihre Arme wie oben beschrieben oder berühren Sie diese Region mit Ihren Händen.

Wenn sich bei Ihnen der Ort der größten Anspannung/ Enge im Nacken befindet, dann bewegen Sie entweder Ihre Arme wie oben beschrieben oder berühren Sie diese Region mit Ihren Händen. Beim Nacken ist es besonders wohltuend, wenn Sie Ihre Hand genau auf den Übergang vom Hals an den Kopf legen.

17. Generelle Emotionsregulation

Wahrnehmen der Körpersensationen: Unsere Körpersensationen geben uns meistens einen Hinweis darauf, dass und wo etwas nicht stimmt: Wo ist es eng, wo verspannt, was macht mein Herz, mein Atem usw.? Hilfreich für die Wahrnehmung sind die Achtsamkeits-Übungen und der Body-Scan. Je öfter Sie diese Körpersensationen wahrnehmen, desto mehr werden sie ein fester Bestandteil Ihres Lebens und dadurch werden Sie immer aufmerksamer für das werden, was gerade in Ihnen abläuft. Je besser Sie es wahrnehmen, desto größere Möglichkeiten haben Sie, anzuhalten und anders als bisher zu handeln.

Bewusstes Innehalten ist der zweite Schritt nach der Wahrnehmung Ihrer Körpersensationen: Wenn Sie immer besser in Ihrer Wahrnehmung geworden sind, machen Sie automatisch diese kleinen Wahrnehmungs-Pausen zwischendurch, ein paar tiefere Atemzüge, Sie spüren den Boden unter Ihren Füßen und orientieren sich dadurch immer wieder im Hier und Jetzt. Vielleicht schaffen Sie es auch, Ihr Kopfkino für einen Moment auf Standbild zu schalten. Dieses bewusste Innehalten ist ein effektiver Stoppmechanismus gegenüber Ihrem bisherigen automatischen Reiz-Reaktions-Muster.

Gefühle erkennen: Durch die Achtsamkeit und das bewusste Innehalten schaffen Sie Platz für Ihre Gefühle, auch für die unangenehmen wie Scham, Furcht, Zweifel usw. Es geht darum, dass alle Gefühle da sein dürfen, ihre Berechtigung haben und benannt werden; so zutreffend wie eben möglich. Vielleicht spielen Sie mit den Stufen dieser Gefühle, vielleicht gibt es Abstufungen und nicht jeder Ärger ist ein „großer Ärger". Untersuchen Sie auf dieser Stufe den Grund für das Gefühl. Wodurch wurde es ausgelöst?

Wir sind mehr als Eins: Es geht darum, Ihre innere Pluralität immer mehr zuzulassen. Es können durchaus mehrere Emotionen – auch widersprüchliche – gleichzeitig vorhanden sein. Auch wird es immer mehrere innere Stimmen geben. Und alles hat das Recht, vorhanden zu sein und sich melden zu dürfen. Seien Sie nett und freundlich zu sich, auch wenn es Anteile in Ihnen gibt, die das gerade nicht sind. Alles, was da in Ihnen hochkommt, hat vor allem eine gute Funktion.

Im fünften Schritt geht es früher oder später um Ihre Entscheidung: Sie haben alles wahrgenommen, sind stehen geblieben, haben sich reorientiert und sind Ihrem Automatik-Modus entflohen. Sie stehen nun an einer Kreuzung und können bewusst entscheiden. Wohin wollen Sie jetzt weitergehen? Was brauchen Sie eventuell noch für Ihre

Entscheidung, welche äußeren und inneren Ressourcen, Um dann einen ersten Schritt zu machen? Sehr bewusst und sehr klar. In der Gegenwart.

18. Machen Sie Töne

In unserem Körper sind alle Muskeln, Nervenfasern und Organe miteinander verbunden. Das ist manchmal – wenn es eng wird – nicht schön, kann aber umgekehrt dazu genutzt werden, an einer Stelle anzusetzen, um eine andere zu lockern.

Eine besondere Möglichkeit dazu ist, Töne zu produzieren, die aufgrund ihrer unterschiedlichen Tonlage verschiedene Körperpartien betreffen und lockern. Da Töne sprichwörtlich Ton machen, empfehle ich, diese Übung alleine durchzuführen. Ob zu Hause, im Auto, in der Natur usw. – machen Sie diese Übung. Alleine.

Die nachstehenden Töne können als sanfte Reize zur Aktivierung benutzt werden:

• Wooo – Verdauungssystem
• Wuuu – Tön für Bauch und Genitalbereich
• Aaaah – Ton für die Kehle
• Aanng – Ton für den hinteren Teil des Rachens und den Mund
• Waaaa – Ton für Organe und den Rücken
• Zischen – Ton für Aggressionen

19. Körperhaltungen

Auch Ihre Körperhaltung können Sie gezielt zum Stressabbau einsetzen. Stress spannt an und verengt. Verschaffen Sie sich Luft und leichte Bewegung. Das beugt einer Starre vor. Richten Sie sich bewusst auf, dann haben Sie automatisch mehr Luft zum Atmen. Stehen Sie gerade und achten Sie darauf, was sich dadurch verändert.

Spielen Sie mit Ihren Haltungen und lernen Sie sich dadurch immer besser kennen. Welche Haltung bewirkt was? Wie geht es Ihnen, wenn Sie aufrecht stehen? Wie, wenn Sie sich zusammenkrümmen? Wie geht es Ihnen, wenn Sie alle Muskeln anspannen, wie, wenn alle Muskeln entspannt sind? Wie geht es Ihnen, wenn Sie Ihre Schultern etwas zurücknehmen, anstatt nach vorne hängen zu lassen?

Subjektive Literaturempfehlungen

Bei dieser subjektiven Liste von Literaturempfehlungen habe ich darauf geachtet, dass die Bücher leicht lesbar sind und man für deren Verständnis kein Psychologiestudium benötigt.

Bei vielen Empfehlungen kommt erleichternd hinzu, dass die Autoren sich kurz und trotzdem informativ ausdrücken.

Alberti, Bettina:	„Seelische Trümmer"
Alberti, Bettina:	„Die Seele fühlt von Anfang an"
Heller, Dr. Laurence:	„Entwicklungstrauma heilen"
Hüther, Dr. Gerald:	„Biologie der Angst"
Hüther, Dr. Gerald:	„Bedienungsanleitung für ein menschliches Gehirn"
Liedloff, Jean:	„Auf der Suche nach dem verlorenen Glück"
Storch, Maja:	„Das Geheimnis kluger Entscheidungen"
Storch, Maja:	„Embodiment"
Rothschild, Babette:	„Der Körper erinnert sich"

Glossar

Amygdala

Die Amygdala ist die Feuerwehr des Körpers – sie aktiviert alles. Kernspin-Aufnahmen bestätigen, dass Botschaften, die vom Frühwarnsystem der Amygdala kommen, über elektrische Aktivität direkt zum Kampf-, Flucht-, Erstarrungs-Überlebensmechanismus gelangen und den Neocortex, der denken, planen und entscheiden könnte, übergehen. Sie wird bereits in der 7. Schwangerschaftswoche angelegt. Deshalb ist sie schon vor der Geburt voll ausgebildet und funktionsfähig. Das bedeutet, dass sich hier bereits vorgeburtliche Erregungsmuster ausbilden und aktivieren können.

Dissoziation

Laut Wikipedia handelt es sich bei einer Dissoziation um eine vielgestaltige Störung, bei der es zu einem teilweisen oder völligen Verlust von psychischen Funktionen wie des Erinnerungsvermögens, eigener Gefühle oder Empfindungen (Schmerz, Angst, Hunger, Durst, ...), der Wahrnehmung der eigenen Person und/oder der Umgebung sowie der Kontrolle von Körperbewegungen kommt. Der Verlust dieser Fähigkeiten kann von Stunde zu Stunde unterschiedlich ausgeprägt sein. Ich selbst verwende diesen Begriff auch dann, wenn sich Menschen sehr leicht in Tagträumerei und Nicht-Kontakt verlieren.

Innerer Kritiker

Meine Hypothese – der innere Kritiker bzw. meistens ist es ja eine ganze Horde von inneren Kritiker sind nicht Teile von uns selbst, sondern Introjekte unserer Umgebung, die wir irgendwann in uns aufgenommen haben, um nicht ständig von außen ermahnt und dadurch beschämt zu werden. Statt immer wieder von unseren Eltern zu hören, dass wir nicht so laut sein sollen, entwickeln wir diese innere Instanz, die das regelt, ohne dass unsere Eltern uns noch ermahnen müssten.

Ja-Fasten-Kur

Die Ja-Fasten-Kur ist vor allem für diejenigen gedacht, die vorschnell zu allem, was an sie herangetragen wird, ein „Ja" in die Welt setzen. Und sich nachher darüber ärgern, weil sie das „Ja" gar nicht so meinten. Gewöhnen Sie sich einfach an, erst einmal nein zu sagen. Das aus zwei Gründen: Erstens verschafft Ihnen so ein Nein

Luft und Zeit zum Nachdenken, was Sie wirklich wollen. Außerdem können Sie Ihr Gegenüber beobachten, wie es auf Ihr „Nein" reagiert. Zweitens lässt sich aus einem anfänglichen Nein viel leichter ein „Ja" machen, als umgekehrt. Und sehr oft gibt sich Ihr Gegenüber mit dem Nein zufrieden oder Sie gehen gemeinsam in einen guten, beziehungserhaltenden Verhandlungsmodus über.

Narzissmus

Narzissmus im angewendeten Wortsinne bedeutet, dass sich die Wahrnehmung auf sich selbst bezieht. Man sieht den anderen Menschen nicht bzw. man spiegelt sich im anderen Menschen und sieht aber nur sich selbst darin. Kinder von narzisstischen Eltern fühlen sich weder gesehen noch wahrgenommen.

Neocortex

Der Neocortex ist der stammesgeschichtlich jüngste Teil der Großhirnrinde. Hier werden die Sinneseindrücke, Bewegungseindrücke und Assoziationen bzw. Verknüpfungen von Eindrücken und Erinnerungen gespeichert. Dieser Teil bildet sich ab dem 18. Lebensmonat aus, was es bei frühkindlichen Erfahrungen manchmal schwer macht, weil in dieser Zeit diese Verschaltung zur Erklärung von Ereignissen noch nicht zur Verfügung stand. Der frontale Cortex ist erst um das 22. Lebensjahr herum vollständig ausgereift.

Resilienz

Unter Resilienz verstehe ich die Fähigkeit, Krisen durch Rückgriff auf persönliche oder sozial vermittelte Ressourcen zu meistern bzw. wieder in einen ausgeglichenen Zustand zurückzukehren. Resilienz und Selbstregulation sind stark miteinander verbunden. Die Fähigkeit der Selbstregulation fördert auch die Resilienz. Resilienz hängt zudem von der körperlichen Gesundheit, der Ernährung und dem Sportverhalten ab.

Ressource

Alles, was Ihnen hilft und Sie gut können, z. B. Wissen, Erfahrung, Zeit, Geld, soziale Kontakte, Einfluss, Abgrenzungsmechanismen. Positive Ressourcen sind in jedem Menschen vorhanden, so schwarz er im Moment seine Gegenwart auch sieht. Ohne diese positiven Ressourcen hätte er es bis zur Gegenwart nicht geschafft. Vielleicht schreiben Sie sich einmal die Dinge auf, die Sie gut können und die in Ihrem bisherigen Leben gut geklappt haben.

Selbstregulation

Selbstregulation bedeutet, dass Sie sich unbewusst und bewusst von einem aufgeregten und vielleicht ängstlichen Zustand wieder in einen entspannten und sicheren Zustand bringen können. Diese Selbstregulation lernen wir in der Interaktion mit unseren primären Bezugspersonen, meistens der Mutter. Kann diese mit unseren Emotionen und Empfindungen gut umgehen und uns wieder beruhigen, lernen wir sehr schnell, uns letztlich selbst zu regulieren.

Zum Schluss

Natürlich deckt diese kleine Reise durch die 5 Stress-Persönlichkeiten nicht die komplette Tiefe und Komplexität eines Menschen oder der jeweiligen Stress-Persönlichkeit ab. Die meisten Menschen leben keine reinrassige Stress-Persönlichkeit, sondern bestehen aus einer Mischung der einzelnen Typen.

Gerne helfe ich Ihnen im Einzelcoaching, sich tiefer mit Ihrer Stress-Persönlichkeit zu beschäftigen und Schritt für Schritt den Weg in die Entspannung zu gehen. Seminare zum Thema Stress-Management gibt es zusammen mit meiner Kollegin Sabine Lerch; entweder als offenes Seminar oder firmengebundene 2-Tagesseminare mit einem Tag Workshop und einem Tag Einzelcoaching für die Seminarteilnehmer in Kombination. Inhalte und Termine dazu finden Sie unter www.mit-stress-umgehen.de.

Die 5 Stress-Persönlichkeiten basieren auf der wunderbaren Arbeit von Dr. Laurence Heller und seinem NARM™-Modell (Neuro affective relational Model™). Über seine Webseite http://www.drlaurenceheller.com gelangen Sie auch an eine Auflistung von weltweiten Therapeuten, die nach seiner Methode arbeiten und überwiegend eine Ausbildung in Traumatherapie haben.

Danksagung

Mein ganz besonderer Dank geht an

Karin Intveen für ihren Impuls, mich sanft zur dreijährigen Somatic Experiencing-Ausbildung zu überzeugen, ihre Initiative in Richtung NARM™ und für die sieben Jahre der gemeinsamen Arbeit und Entwicklung.

Doris Rothbauer für ihre Supervision und hilfreichen Anregungen.

Manfred Fett für seine fachliche Supervision und Wegweisung in einem sehr frühen Stadium dieses Buches und für seine Begleitung in den letzten Jahren.

Susanne Bauermann für die wunderbaren Illustrationen.

Christine Hochberger für ihr gewohnt professionelles Lektorat.

Sabine Lerch und den Kursteilnehmern unserer gemeinsamen Stress-Management-Workshops für deren Anregungen.

Peter Küssner für seine strukturierenden Tipps.

Andrea M. Wimberger für ihre liebevollen Anmerkungen und Korrekturen.

Deny für ihre ungewöhnlichen Ratschläge während des Entstehens.

Den vielen lieben Menschen in meinem Umfeld für die tollen Anregungen und Tipps beim Lesen der ersten Manuskript-Fassungen.

Ein spezieller und sehr liebevoller Dank an **Nina**.

Über den Autor

 Volker Hepp, Coach, Wirtschaftsmediator und Trainer beschäftigt sich sowohl in Seminaren als auch im Coaching vor allem mit dem Thema, wie Menschen in stressigen Situationen wieder entspannen können. Das erreicht er dadurch, dass er nicht nur auf der Handlungsebene arbeitet, sondern neben kognitiven Erklärungsansätzen mit seinen Kunden auch deren körperliche Phänomene beachtet und bearbeitet.

Er nennt das Somatic Coaching.

Volker Hepp
Hechtstraße 21a
DE-82266 Inning

Tel. 08143/99 266 76
Mail: info@volkerhepp.com
Web: www.volkerhepp.com
Facebook: https://www.facebook.com/
volkerheppcoaching